सद्धर्म पुण्डरीक सुत्र

समन्तमुखपरिवर्तः

법화경(法華經)
관세음보살보문품(觀世音菩薩普門品)

초판 1쇄 발행 2022년 5월 10일

원전주해 | 박지명
펴낸이 | 이의성

펴낸곳 | 지혜의나무
등록번호 | 제1-2492호
주소 | 서울시 종로구 인사동7길 33(관훈동) 남도빌딩 3층
전화 | (02)730-2211 팩스 | (02)730-2210

ISBN 979-11-85062-41-9 03220

सद्धर्म पुण्डरीक सुत्र

Saddharma Puṇḍarīka Sūtra

사따르마 푼다리카 수트라

법화경(法華經)-묘법연화경(妙法蓮華經)

समन्तमुखपरिवर्तः

Samantamukhaparivartaḥ

사만타무카파리바르타흐

관세음보살보문품(觀世音菩薩普門品)

박지명 원전주해

지혜의나무

सद्धर्म पुण्डरीक सुत्र

Saddharma Puṇḍarīka Sūtra

사따르마 푼다리카 수트라

묘법연화경

सद्धम-Saddharma-사따르마-법(法), 진리

पुण्डरीक-Puṇḍarīka-푼다리카-연꽃(蓮花)

सुत्र-Sūtra-수트라-경전(經典)

समन्तमुखपरिवर्तः

Samantamukhaparivartaḥ

사만타무카파리바르타흐

관세음보살보문품(觀世音菩薩普門品)

모든 방향으로 얼굴을 돌리고 바라보는 부처님

समन्त-Samanta-사만타-모든 곳을 향하는, 보편적

मुख-Mukha-무카-입, 얼굴

परिवर्तः-Parivartaḥ-파리바르타흐-반복 변화, 품(品)

목차

서문

법화경(法華經)은 묘법연화경(妙法蓮華經)이라고도 하며, 산스크리트어로 사따르마 푼다리카 수트라(Saddharma Puṇḍarīka Sūtra)이다.

이 책은 법화경 25품으로, 한역(漢譯)으로는 관세음보살보문품(觀世音菩薩普門品)이며, 산스크리트어로 Samantamukhaparivartaḥ(사만타무카파리바르타흐)이다. 사만타(Samanta)는 모든 곳, 전체를 말하며 무카(Mukha)란 얼굴이나 입을 말하고 파리바르타(Parivarta)는 변화 또는 품(品)을 말하는데 "모든 방향으로 얼굴을 돌리고 바라보는 부처님 또는 관세음보살"을 말하는 것이다.

관세음보살(觀世音菩薩)은 산스크리트어로 아바로키테스바라(Avalokiteśvara)인데 아바(Ava)는 "내려오다", 로키타(Lokita)는 "관찰하다"이며 이스바라(Iśvara)는 "인격적인 신(神)" 또는 "지배하다"로 전체의 뜻은 "세상을 관찰하고 관리하는"이라는 뜻과 "위로부터 아래를 굽어 살피시는 분"이란 뜻으로 관세음(觀世音)의 한역(漢譯)도 뛰어난 번역이라 생각된다.

관세음보살은 불교의 보살 가운데에서 가장 친근하고 가까운 보살이며 석가모니 부처님이 열반한 이래 미륵부처님(彌勒佛)이 나타날 때까지 중생들의 고통을 지켜주는 대자대비(大慈大悲)한 보살이다. 관세음보살은 관자재보살(觀自在菩薩), 관세자재보살(觀世自在菩薩), 광세음보살(光世音菩薩), 관세음자재보살(觀世音自在菩薩)이라고도 하며 줄여서 관음보살(觀音普薩)이나 관음(觀音)으로도 불린다.

관세음보살의 위대함은 세간과 출세간을 넘어서서 시방세계가 두루 밝아져서 위로 시방의 모든 부처님의 본래 깨달음과 하나된 것이며 아래로는 시방의 모든 중생들에 대한 자비심과 그들의 바라는 것과 하나되는 것이다.

아바로키테스바라인 관세음보살 또는 관자재보살신앙은 대승불교 신앙의 꽃이며 가장 사랑받는 화신이다. 세계의 불교 중에 스리랑카, 미얀마, 태국, 라오스 등 남방불교는 상좌불교(上座佛教)이며 티베트의 서장밀교(西藏密教)가 있고 중국, 한국, 일본의 대승불교(大乘佛教)와 선불교(禪佛教)가 있다. 티베트 밀교와 동양 삼국인 중국, 한국, 일본에서의 이 관세음보살 신앙이 불교를 민중에게 쉽고, 가깝고, 친근하게 접근할 수 있는 계기가 되었다.

이 관세음보살보문품에서 관세음보살을 생각하는 그 공덕을 너무나 절실하게 표현하였다.

"관세음보살의 이름을 하나된 마음으로 받드는 이는 만약에 큰 불속에 들어가는 일이 있다 하더라도 그 불이 그를 태우지 못할 것이다. 이것은 이 관세음보살의 위신력 때문이니라. 혹시 큰물에 떠내려 간다

하더라도 이 관세음보살의 이름을 부르면 즉각 얕은 곳에 이르게 될 것이다. 만약 백천만억의 중생들이 황금과 루비, 다이아몬드, 묘안석, 진주, 산호, 마노 등의 보석을 구하기 위하여 큰바다에 들어갔을 때 혹시 거대한 폭풍이 불어와 그 배가 나찰들의 섬에 떠내려 갔다. 그들 중에 누구라도 관세음보살을 부르는 사람이 한 사람이라도 있다면 다른 모든 이들도 나찰의 섬으로부터 벗어날 것이다. 이런 이유로 관세음이라 하느니라."

관세음보살은 기원전 1세기경에 대승경전인 법화경이나 화엄경에 나타난다. 관세음보살은 여러 이름을 가지고 있으며 주요한 것은 여섯 관음보살이 중심이다. 가장 중심되는 성관음(聖觀音)인 아리야(Arya), 11개의 얼굴을 지닌 십일면관음(十一面觀音)인 에카다사묵카(Ekadasamuka), 천 개의 팔과 눈을 가진 천수천안관음(千手千眼觀音)인 사하스라부자 사하스라네트라(Sahasrabuja Sahasranetra), 보석의 바퀴 여의륜관음(如意輪觀音)인 친타마니 차크라(Chintamani Cakra), 말의 얼굴을 지닌 마두관음(馬頭觀音)인 하야그리바(Hayagriba), 중생의 재난을 없애주는 준제관음(准提觀音)인 춘디(Cundi)가 있다. 이 여섯의 관음 외에도 모든 중생을 놓치지 않고 그물로 건지겠다는 불공견삭관음(佛空羂索觀音)인 아모가파사(Amoghapasa), 흰옷을 입은 백의관음(白衣觀音)인 판다라바시니(Pandaravasin) 등 33개의 이름을 가지고 있다.

당나라의 현장(玄奘) 스님의 대당서역기(大唐西域記)에 관세음보살의 성지는 지금의 남인도 케랄라(Kelala)주에 있는 사다니말라(Sadanimala)의

포탈라카(Potalaka)산 또는 즉 보타락가(補陀洛迦)산에 있다고 하였다. 중국의 절강성(浙江省) 또는 저장성의 주산열도에 보타산(普陀山)이라는 성지가 있으며, 한국에는 강릉의 낙산사(洛山寺) 홍련암(紅蓮庵)과 남해의 보리암(菩提菴), 강화도의 보문사(普門寺)가 있다.

관음보살 신앙의 장점은 자신을 관세음보살에게 다 맡김으로써 일어나는 마음의 안정과 편안함을 가지게 된다. 진정으로 그렇게 됨으로써 자신의 미래를 바라볼 수 있고 사물에 대한 감사함과 놀라움을 일어나게 하는 것이다.

보디사뜨바(Bodhisattva)는 불교가 만들어낸 가장 아름다운 합성어 단어이다. 보디(Bodhi)는 지혜나 이성, 앎과 깨달음의 단어이며, 사뜨바(Sattva)는 아름다움과 선(善)이라는 단어인데, 이 지혜와 최고의 선의 위대한 합성어가 바로 보디사뜨바이며 보살(菩薩)이라는 단어이다. 보살이란 해탈에 이를 때까지 얼마 남지 않은 카르마(Karma) 또는 업을 지니고 있는 상태에서 이 세상의 중생들을 이끌고 부처님과 같이 깨달음을 향해 전진하는 자비롭고 지혜로운 이를 말한다.

까루나(Karuna)는 대승불교의 큰 서원인 사무량심(四無量心) 중 하나로, "다른 사람을 나와 같은 마음으로 생각하는 마음"이다. 한자로는 비(悲)라고 번역되었으며, 무량한 네 가지 마음 중의 하나이다. 부처님을 아버지라고 한다면 관세음보살은 어머니처럼 하나하나를 꼭꼭 씹어서 입에 넣어 주듯이 관세음보살의 성스러운 가피가 그런 식으로 힘든 중생의 시간에 다양한 형태로 그들을 보살펴주게끔 보듬어 준다.

세상이 너무 힘들어 아무것도 보이지 않는 마치 죽음처럼 깜깜한 암흑, 너무나 힘든 심리적인 괴로움, 답답한 세상살이, 경제적인 힘듬, 사람과의 힘든 관계, 망해가는 사업, 몸이 아프고 병들고 고단한 일상들, 어떤 사람이건 누구나 죽음을 앞둔 모든 중생들의 고통의 바다에서의 생노병사 그것을 극복하고 행복하고 건강하고 풍요하게 살아가려는 마음에 관세음보살은 위대한 건널목이 되리라!

이 경의 핵심사상은 대자대비(大慈大悲)를 갖춘 관음보살의 위대한 지혜와 다양하게 나타나는 응신(應身)을 먼저 설명한다. 관세음보살께 귀의하여 지극하고 간절한 마음으로 관세음보살을 염송할 때 인간생활에서의 수많은 고통과 어려움이 모두 물러갈 것이다, 이 경을 구마라집(鳩摩羅什) 스님은 관세음(觀世音)으로 번역하였으며, 현장 스님은 관자재(觀自在)로 번역하고 있다. 관세음보살보문품은 석가모니부처님이 관세음보살의 중생 구제에 관하여 이야기한 내용을 담고 있다. 관음경에서 설해지는 인간의 실존이고 현실적인 고통은 아주 다양한 동시에 모든 시대의 인간이 겪는 보편적 고통이다. 관음경의 후반부는 전반부의 내용을 5언 4구의 게송 26수로 요약하고 있다. 이 요약은 매우 간결하면서도 우아하고 아름다운 문장이다. 특히 소리 내어 독송하면 운율이 느껴질 것이다.

불교의 대승경전의 정점인 법화경과 화엄경 양대 산맥에서 특히 법화경의 관음경 또는 관세음보살보문품은 가장 대중적으로 알려진 경전이다. 관세음보살에 대한 경전은 법화경의 〈관세음보살보문품〉이며 다른 하나는 〈신묘장구대다라니〉이며 또 하나는 〈관세음보살 42수 진언〉이다.

관세음보살은 깨달은 부처님과 중생과의 사이에서 가장 친밀하고 편안하게 연결하는 화신이다. 법화경에서 가장 중요한 네 가지의 품이라고 하여 법화사요품(法華四要品)을 말하는데 그것은 2품인 방편품(方便品), 14품인 안락행품(安樂行品), 16품인 여래수량품(如來壽量品), 25품인 관세음보살보문품(觀世音菩薩普門品)이다.

관세음보살보문품의 한역(漢譯)인 관세음(觀世音)은 중생의 고통을 제거해주며 보문(普門)이란 중생들에게 기쁨을 주는 것이다. 관세음보살은 대자대비의 중도(中道)의 마음을 말한다. 이것은 불교와 법화경의 중도실상의 가르침이다. 관세음은 지혜장엄이며 보문은 복덕장엄이다.

이 관세음보살보문품은 우리나라 관음신앙의 근본 경전이다. 법화경의 제25품인 관세음보살보문품을 독립적인 경전으로 만든 것이다. 중국 서진(西晉)의 담마라참(曇摩羅讖)이 병으로 고생하는 하서왕(河西王)을 보고 이 국토가 관세음보살과 인연이 깊으니 관세음보살보문품을 외우라고 권하였다. 이 경을 읽고 건강을 회복한 지리몽손왕이 관세음보살보문품을 널리 유통하면서 관음경이라 하였다. 법화경의 관세음보살보문품에는 경문만이 수록되어 있으며 관음경에는 오언절구의 게송이 포함되어 있다.

우리나라에서는 구마라집의 번역본이 가장 많이 유통되고 있다. 그 내용은 관세음보살의 대자대비에 의지하면 일체의 괴로움에서 벗어날 수 있음을 말하고 있다. 마음속으로 관세음보살을 염원함에 따라서 불구덩이가 연못으로 변하고, 파도가 잠잠해지며, 높은 산에서 밀려 떨어져도 공중에서 멈추게 된다. 참수형을 받게 되었을 때도 목을 치는 칼이 부러지는 등 갖가지 재앙으로부터 구원을 받는다는 현세이익적인 공덕이 강조되고 있다. 또한, 이 경전에는 관세음보살의 32응신이 서술되어 있는데, 이는 제도하여야 할 중생이 어떠한가에 따라서 불, 보살, 성문, 임금, 부녀자, 동남동녀 등 32가지의 몸을 나투어서 사바세계 중생들의 모든 두려움을 없애준다고 하였다.

이 경은 관세음보살의 영험과 함께 우리나라에서 가장 많이 유포되고 알려졌으며 믿음과 신심을 가지는 신행의 경전 중의 하나가 되었다.

이 경전이 들어온 것은 불교가 우리나라에 들어온 때와 거의 같은 시대로 추정된다. 대표적인 경전으로는 경문 1절씩을 한언대역(漢諺對譯)하고 삽화도 곁들인 1697년(숙종 23)의 신흥사본(神興寺本)을 들 수 있다.

이 법화경의 관세음보살보문품이 나오기까지 격려해준 손지산 형님과 서말희 형수님께 감사드리고 제자 이정훈, 최은진, 남경언, 김영창, 이수진, 정진희, 김윤정, 최효겸, 윤순엽, 최재원, 하정자, 송의진, 김지민, 하민용, 정용환, 우문희, 차민지, 김용민, 조민영씨 그리고 고향의 후배 우병철, 김현우, 김정렬, 김대건에게 바친다. 또 이 관세음보살보문품을 편찬하라고 자극해 주신 최영보, 이경희님께 감사드린다. 책을 출판해 준

지혜의나무 이의성 사장님께 감사드린다. 불교에 관심이 많은 나의 가족들과 세상을 떠난 나의 부모님과 형님과 제자에게 이 책을 바친다.

समन्तमुखपरिवर्तः

법화경에 대하여

법화경 또는 묘법연화경은 화엄경(華嚴經), 금강경(金剛經)과 함께 대승삼부경(大乘三部經)이라 불린다. 또한 법화경은 반야경(般若經), 유마경(維摩經), 화엄경과 함께 초기에 성립된 대승경전으로 알려지고 있다. 법화경은 중요한 대승경전의 하나로 모든 불교경전의 최고의 경전으로 알려져 있으며 부처님의 40년 가르침을 집약한 경전이다.

부처님 시대에 북인도에서 세력이 강했던 마가다(Magada)국의 수도 왕사성(王舍城), 산스크리트어로 라지기르(Rajigir) 근처에 있는 영취산(靈鷲山) 또는 독수리산, 산스크리트어로 그르드라쿠타(Grdrakuta)에서 법화경을 설법하였다. 법화경을 설법하는 그 모임을 후대에 불교에서는 영산회상(靈山會上)이라 부른다.

이 법화경은 구마라집의 묘법연화경, 축법호(竺法護)의 정법화경(正法華經), 사나굴다(闍那堀多)와 달마급다(達摩笈多)의 첨품묘법연화경((添品妙法蓮華經)이 있다. 구마라집의 한역(漢譯)이 가장 잘 되어 있어서 법화경이라고 하면 이 묘법연화경을 말한다. 모든 법화(法華)의 사상은 전적으로 구마라집의 번역에 의존한다. 법화경은 7권 28품으로 되어 있으며 화엄사상과 함께 불교의 양대산맥을 이루는 위대한 대승경전이다. 법화경은 동쪽으로 전해지기 이전에 유라시아 대륙에서도 이미 유포되고 퍼진 경전이었다. 또한 인도의 산스크리트어 경전이 존재하며 티베트 불교의 겔룩파(Gelugpa) 황모파(黃帽派)의 개조가 된 총카파(Tsong kha pa-宗喀巴)는 자신의 저서 보리도차제대론(菩提道次第大論)에서 죄를 소멸하는 것으로서 법화경을 독경한다. 네팔에서는 구법(求法) 경전의 하나이며, 중국 천태종(天台宗)에서는 법화경을 가장 중요하게 생각하여, 천태대사 지의(智顗)는 구마라집이 번역한 묘법연화경을 소의경전으로 삼고 있다. 서기 400년경 인도에서 중국으로 온 승려 구마라집이 산스크리트어 경전을 한자로 번역하면서부터 법화경은 중국과 동아시아로 확산되었다. 구마라집의 번역에서는 산스크리트어 원전에서 만트라(Mantra)인 진언(真言)이 없었는데, 첨품법화경(添品法華経)에서는 이것을 다시 추가하였다.

법화경은 대승경전의 하나로, 예로부터 모든 경전의 왕으로 생각되었으며, 석가모니의 40년 설법을 집약한 경전으로, 법화사상을 담고 있는 천태종(天台宗)의 근본 경전이다.

산스크리트어 원본은 영국인 호지슨(Hodgson)이 네팔에서 발견하였고 프랑스어와 영어로 번역이 되고 한문, 티베트어, 위구르어, 서하어, 몽골어, 만주어로도 번역이 되었다. 현존하는 3종의 한문 번역 가운데에서 구마라집이 번역한 묘법연화경이 가장 널리 유포되어 있다.

묘법연화경에서 부처님은 오래된 과거부터 미래영겁에 걸쳐 존재하는 초월적인 존재이다. 부처님이 세상에 출현한 이유는 모든 사람들이 부처의 깨달음을 열 수 있게 하는 큰 가르침과 진실한 가르침은 하나라는 일승(一乘)을 보이기 위함이며, 이 가르침을 실천하는 사람은 누구라도 부처가 될 수 있다는 것이다.

법화경은 한반도에도 전래되었다. 고구려의 수도인 평양의 대성산성(大城山城)에서 발견된 1천 자로 된 묘법연화경이 지금 북한의 조선중앙역사박물관에 소장되어 있다. 삼국유사(三國遺事)에 백제의 승려 혜현(惠賢)이 수덕사(修德寺)에서 법화경을 독송했다는 기록이 있고, 신라의 원효 스님은 법화경의 교리를 쓴 법화경종요(法華經宗要)를 편찬하였다.

지금 한국에서 유통되는 법화경은 1236년에 간행된 법화경과 1467년 세조 13년에 간경도감(刊經都監)에서 간행된 법화경과 함께 대부분이 송(宋)나라 계환(戒環)이 1126년 인종 4년에 저술한 묘법연화경요해(妙法蓮華經要解) 7권본이다. 법화경의 주석서는 신라 고승들의 저술과 중국 고승들의 저술들로 수십 종에 이르고 있다. 현존하는 판본은 고려시대의 것 3종과 조선시대의 것 117종 모두 120종이 있다. 현존하는 모든 법화경판은 34종 3,036장이 있다.

학자들은 법화경은 대승불교 교단이 소승불교 교단에서 분리되어 나오면서 형성된 경전으로 알고 있다. 초기는 운문 형태로 암송하다가, 후대는 서술형 문구와 운문의 형태가 융합된 형태로 되었으리라 추정한다. 학자들은 법화경은 반야경전 후에 대승불교 경전의 최고의 집대성이며 완성된 경전으로 말한다.

법화경의 핵심은 방편품(方便品)과 여래수량품(如來壽量品) 두 품에 집중되어 있다.

첫째는 법화경은 불교의 근본경전이며 본래 이름은 묘법연화경이며 "진흙에 물들지 않는 연꽃과 같은 가르침"을 말한다. 화엄경과 같이 불교사상의 확립에 가장 큰 영향을 끼친 경전의 왕이며 초기의 대승경전에서 가장 중요한 경전이다.

둘째는 법화경은 7권 28품으로 이루어져 있다. 구성으로 보면 1품부터 14품까지를 적문(迹門)이며 그 이하를 본문(本門)으로 나눈다. 적문이란 현세의 모습으로 나타난 석가모니부처님은 근원불(根源佛)이며 법신(法身)인 비로자나불(毘盧遮那佛)이 중생을 제도하기 위하여 그 흔적을 나타내는 것이다. 본문은 부처님은 과거에 이미 성불하였고 이 부처님의 근원을 밝혀 내는 부분이다. 우주의 진리인 법신불이 중생을 구제하기 위하여 드러내는 응신불(應身佛)인 석가모니불(釋迦牟尼佛)이 되어 세상에 나타나서 법을 설한 구원의 부처로 나타난 것이다.

셋째는 법화경의 회삼귀일(會三歸一) 사상이다. 삼승(三乘)이 결국은 일승(一乘)으로 하나로 된다는 사상이다. 이것은 부처님이 이 세상에 나타나 성문(聲聞), 연각(緣覺), 보살(菩薩)에게 여러 법을 가르쳤지만, 오직 일불승(一佛乘)의 법만이 있으며 부처가 되는 길이 누구에게나 열려 있다는 것이다. 이 회삼귀일 사상은 화엄경의 원융무애(圓融無碍) 사상과 함께 한국불교의 전통을 회통귀일(回通歸一)의 불교로 이끌었고, 한민족의 화합하는 화(和) 사상에 기초가 되었다. 이것은 통일신라 사상의 뿌리라고도 한다. 이 회삼귀일 사상은 제2품인 방편품, 제3품인 비유품, 제4품인 신해품, 제5품인 약초유품, 제7품인 화성유품 등에서 높은 문학성을 지닌 불타는 집의 비유, 방탕한 자식의 비유, 주정뱅이의 비유 등으로 표현하였다.

넷째는 우리나라의 한역본 중 구마라집 스님이 번역한 묘법연화경 8권이 가장 많이 보급되었다. 28품으로 된 이 경은 모두가 귀중해서 어떤 것이 좋다고 말할 수 없지만 특히 우리나라에서 제25품인 관세음보살보문품이 관음신앙의 기초가 되어 존중받아 왔으며 관음경으로도 편찬되면서 많은 사람에게 독송되어 왔다. 제11품 견보탑품(見寶塔品)은 신앙의 중심이 되었던 불탑(佛塔)숭배를 나타내는데, 우리나라의 다보탑(多寶塔)과 석가탑(釋迦塔)의 조성에 기초가 되었다. 제15품 종지용출품(從地涌出品)에서 대지하(大地下)의 허공(虛空) 속에 사는 보살들이 땅의 틈바구니로부터 나타나 허공에 서는 장면들을 나타낸다. 역사적 인물인 석가모니부처님만을 숭배하는 것에서 무량한 생명의 상징인 부처를 보려는 보살들의 성찰을 표현한 것이다. 제16품 여래수량품(如來壽量品)은 영원한 생명으로서의 부처를 증명하고 그것을 이상으로 삼는 보살들의 부처님을 보는 관점이 반영되어 있다. 부처님은 이 사바세계에 머물고 중생을 교화하고 그들을 성불하게 한다는 법화신앙을 표현하였다.

관세음보살보문품에 대하여

법화경의 관세음보살보문품을 관음경이라고도 하며 우리나라 관음신앙의 근본 경전이다. 법화경의 제25 관세음보살보문품을 독립된 경전으로 만든 것이다. 중국 서진(西晉)의 담마라참(曇摩羅讖)이 병으로 고생하는 하서왕(河西王)을 보고 이 나라가 관세음보살과 인연이 깊으니 관세음보살보문품을 외우라고 권하였다. 이 경을 읽고 건강을 회복한 지리몽손왕이 관세음보살보문품을 널리 유통시키면서 관음경이라 이름하였다.

법화경의 관세음보살보문품에는 경문만 있는데, 관음경에는 오언절구의 게송이 첨가되어 있다. 우리나라에서는 구마라집의 번역본이 널리 유통되고 있다. 그 내용은 관세음보살의 대자대비에 의지해서 모든 고통에서 벗어날 수 있다고 설하고 있다.

그것은 마음속으로 관세음보살을 간절히 염원함에 따라서 불구덩이가 연못으로 변하고, 파도가 잠잠해지며, 높은 산에서 밀려서 떨어져도 공중에서 멈추게 된다. 참수형을 받게 되었을 때도 목을 치는 칼이 부러지는 등 갖가지 재앙으로부터 구원을 받는다는 현세의 공덕도 강조되었다.

법화경 제25품인 관세음보살보문품은 독립적인 경전으로도 불린다. 일승 묘법(一乘妙法), 구원본불(久遠本佛), 보살행도(菩薩行道)의 진리를 설하는 법화경의 후반부에 속하는 관음경은 본문과 5언 4구의 게송(偈頌) 26수로 이루어져 있다. 이 경전의 서두는 무진의보살이 부처님께 관세음보살이 무슨 인연으로 관세음이라고 불리게 되었는가라고 명호(名號) 또는 이름의 유래를 묻는 질문으로 시작된다. 그것은 바로 그 이름을 가진 대상의 존재를 묻는 것이다.

이 경전에는 관세음보살의 32응신이 나타나는데, 다르게는 33응신으로도 얘기한다. 제도하여야 할 중생이 어떠한가에 따라서 부처님, 보살, 성문, 임금, 부녀자, 동남동녀 등의 32가지 몸으로 나타나서 사바세계 중생들의 두려움들을 사라지게 한다고 하였다. 이 경은 관세음보살의 영험과 함께 우리나라에서 가장 많이 믿음을 가지게 하는 신행 경전의 하나가 되었다. 관세음보살의 전래는 불교가 우리나라에 들어온 때와 같은 시대로 추정된다.

내용은 무진의보살이 부처님께 무슨 인연으로 이름이 관세음인지 묻는다. 이에 대해 부처님은 한량없는 중생이 온갖의 고통을 받을 때, 관세음보살이 계시다는 이야기를 듣고 지극한 마음으로 그의 이름을 부른다면 그 음성을 듣고 중생들 모두를 고뇌에서 벗어나게 하기 때문에 관세음이라 한다. 그리고 중생의 여러 어려움과 중생의 소원에 따라 온갖 모습으로 몸을 나타내며 중생을 구제하는 이야기들이 설해진다. 무진의보살이 부처님께 관세음보살이 어떻게 사바세계에서 중생들을 이끌고 중생을 구제하는지 묻는다. 이것에 대해 33가지 모습으로 모든 곳을 다니면서 중생의 위험한 것과 고난으로부터 구제하기 때문에 관세음보살을 시무외자(施無畏者)라 이름한다. 그리고 두루 몸을 나투는 관세음보살의 신통력을 들은 사람의 공덕이 적지 않음을 지지보살(持地菩薩)이 찬탄한다. 부처님께서 관세음보살보문품을 설할 때, 팔만 사천 명의 대중이 모두 최상의 깨달음을 향해서 발심하면서 이 품이 끝난다.

관세음보살은 지장보살(地藏菩薩), 미륵보살(彌勒菩薩)과 함께 같은 보살이라도 더 친근하게 널리 알려져 신앙되었다. 관세음보살이 하층민에서 더 널리 신앙되었는데 그것은 지장보살은 지옥의 중생을 구제하고 미륵보살은 내세의 중생을 구제해 주는 보살이라면 관세음보살은 지금 현세의 고통을 구제해 주는 보살이기 때문이다.

관세음보살 보문품의 게송에서 중생에게는 환란을 통해 고통을 겪는다고 언급된다. 장애와 마장(魔障)과 업장(業障)의 밖에서 일어나는 장애와 안에서 일어나는 장애를 언급하였다. 밖의 장애는 바람의 재앙, 물의 재앙, 불의 재앙, 감옥에 들어가는 옥살이 재앙, 도둑 떼를 만나는 재앙, 전쟁터에 나가는 재앙들이 있다.

안에서 일어나는 재앙은 사람의 마음속에 들어 있는 세 가지 독성인 욕심내는 마음인 탐독(貪毒), 화내는 마음인 진독(瞋毒), 어리석은 마음인 치독(癡毒)의 삼독(三毒)과 색성향미촉법(色聲香味觸法)이라는 여섯 가지 티끌들로 인해 본래 청정한 마음이 드러나지 않는 것이다. 이 세 가지 독성에서 자유롭게 될 때 성불할 수 있다는 것이다. 불교는 색성향미촉법이라는 육진(六塵)인 여섯 가지 티끌에서 벗어나는 것을 의미하는 것이며 관세음보살의 자비와 위신력은 밖에서 일어나는 재앙과 안에서 일어나는 재앙을 없애주는 방편이며 이것이 관음신앙인 것이다.

관세음보살보문품 게송 부분에 "관세음보살의 미묘한 지혜의 힘이 능히 세간의 고통을 구제하니 신통력을 구족하고 지혜방편을 널리 닦아서 시방세계 모든 국토에 나타나지 않는 법이 없다."(관음묘지력 능구세간고 구족신통력 광수지방편 시방제국토 무찰불현신觀音妙智力 能救世間苦 具足神通力 廣修智方便 十方諸國土 無刹不現身)라는 대목이 있다.

관세음보살보문품에는 무진의보살이 무슨 인연으로 관세음보살이라고 부르는지를 질문하고 부처님께서 그 인연을 설하셨다. 관세음보살의 이름을 간절히 부르면 고통에서 벗어날 수 있으며 중생들이 세 가지의 행위인 신구의(身口意)로 관세음보살을 부르면 일곱 가지 환란과 삼독(三毒)과 이구양원(二求兩願)을 관세음보살이 도와준다는 것이다. 무진의보살이 관세음보살이 어떻게 사바세계에서 교화하시는지를 물으니 부처님께서 관세음보살이 33가지 화신으로 나투었던 응신과 19설법으로 중생을 가르치고 교화한다고 하셨다. 또한 무진의보살은 부처님의 권유를 받들어 관세음보살에게 목걸이를 공양하는데 관세음보살은 이를 받아 석가모니불과 다보불탑에 바쳤다. 지지보살은 이 품의 자재한 행동과 관세음보살의 넓은 문으로 나타내는 신통력을 찬탄

하였고 이 품을 들은 팔만사천 대중은 아누다라삼먁삼보리의 마음을 발하였다. 이러한 관음의 구제행과 교화행은 관세음보살의 본원(本願)과 중생들의 칭명수행에 의하여 감응이 이루어져 가능한 것이었다. 그러면 관세음보살행의 본뜻이 과연 고난에 빠진 중생을 구하여 소원을 성취시키는 데에만 있는 것일까? 만약 관음신행을 고난에서 일심으로 관세음보살을 불러서 해탈케 하는 보살로 한정된다면 이는 단순한 복을 비는 행위이며, 소승적 해탈에 머물게 되어 버린다.

관세음보살보문에서 다섯 가지의 관(觀) 즉 '본다'라는 뜻으로 관세음보살이 갖고 있는 다섯 가지 보는 힘을 말한다. 첫째는 진관(眞觀)이며 진정한 세계를 보는 능력이다. 둘째는 청정관(淸淨觀)이며 청정함을 보는 능력이며, 셋째는 광대지혜관(廣大智慧觀)으로 지혜로써 넓게 보는 능력이며, 넷째는 자관(慈觀)으로 자애롭게 보는 능력이며, 다섯째는 비관(悲觀)으로 하나된 동정심으로써 본다는 것이다. 이 관세음보살의 오관(五觀)을 계환(戒環) 선사는 진관은 '모든 허망한 습관들을 다 넘어서고 쉰다는 상태이다'라고 해석하였다.

관세음이란 세상의 모든 중생의 음성을 듣는 사람을 말하고, 보문이란 넓은 문을 열어 놓는다는 뜻이다.

관세음이란 대비(大悲)로 중생들을 괴로움에서 건져주고, 보문이란 대자(大慈)로 중생들에게 기쁨을 주어 근기 따라 법을 설한다는 것이다.

관세음이란 지혜장엄이며 어둠을 없애는 빛과 같으며, 보문이란 복덕장엄으로 선근을 만드는 넓은 문과 같은 것이다.

관세음이란 약수왕(藥樹王)이어서 모든 병을 고치는 것에 비유하고, 보문이란 여의주왕(如意珠王)이 요구하는 대로 무엇이나 주는 것에 비유한다. 관세음이란 진정한 진리인 진여(眞如)의 지혜이며, 보문이란 지혜를 일으키는 온갖 선행이다.

관세음보살을 설명해 주는 경전이 두 가지가 있다. 법화경 또는 묘법연화경의 관세음보살보문품과 다른 하나는 천수경(千手經)이다.

관세음보살보문품에서 관세음보살에 대해 언급한다. 무진의보살이 부처님께 이렇게 묻는다. "부처님이시여 관세음보살은 이 사바세계에서 어떻게 노닙니까? 중생들에게 어떻게 설법합니까? 중생들에게 어떤 방편으로 대하십니까?" 하였다. 불의 재난(火難), 물의 재난(水難), 바람의 재난(風難), 무기의 재난(刀杖難), 나찰귀신의 재난(鬼難), 형벌의 재난(枷鎖難), 원수와 도적의 재난(怨賊難)에 직면한 중생이라면, 그리고 인간의 힘으로는 이룰 수 없는 바람을 가지고 있는 중생이라면, 또한 탐욕과 성냄과 어리석음에 휩싸여 괴로워하는 중생이라면 관세음보살님을 떠올리고 이름을 부르기만 해도 다 구제된다는 것이다.

관세음보살이 중생을 교화하는 데 자유자재로 몸을 바꾸어 나타나는 데 서른세 가지 몸이다. 중생의 필요에 따라 모습을 바꾸어 나타난다는 뜻이며 33응신이다. 서른세 가지는 첫째는 부처님, 둘째는 벽지불, 셋째는 성문, 넷째는 범왕, 다섯째는 제석천, 여섯째는 자재천, 일곱 번째는 대자재천, 여덟 번째는 천대장군, 아홉 번째는 비사문, 열 번째는 소왕, 열한 번째는 장자, 열두 번째는 거사, 열세 번째는 재관, 열네 번째는 바라문 열다섯 번째는 비구, 열여섯 번째는 비구니, 열일곱 번째는 우바새, 열여덟 번째는 우바이, 열아홉 번째는 여성 장자, 스무 번째는 여성 거사, 스물한 번째는 여성 재관, 스물두 번째는 여성 바라문, 스물세 번째는 남자 아이, 스물네 번째는 여자 아이, 스물다섯 번째는 하늘, 스물여섯 번째는 용, 스물일곱 번째는 야차, 스물여덟 번째는 건달바, 스물아홉 번째는 아수라, 서른 번째는 가루라, 서른한 번째는 긴나라, 서른두 번째는 마후라가, 서른세 번째는 집금강신이다.

이렇게 관세음보살은 서른세 가지 몸으로 변화하며 중생을 제도한다. 관세음보살이 부처님의 몸으로도 바꾼다는 것인데, 어떻게 부처님의 몸으로도 나타나 설법까지 할 수 있을까? 이미 부처님의 경지에 있지 않으면 할 수 없는 일이라 생각된다. 그래서 관세음보살이 부처님보다 낮은 경지인 보살의 차원이 아니며, 이미 부처님임에도 중생을 제도하기 위해 부처님의 경지마저 미루는 것이다.

관세음보살은 행복하게 잘 진행되는 것만을 안겨주는 분이 아니라, 힘든 상황을 이겨내는 것의 화신으로 드러내어 자신의 마음공부를 준다. 관세음보살은 동물로까지 모습을 바꾸어 화신으로 나타나 가르침을 준다.

관세음보살에 대하여

나무보문시현(南無普門示現) 넓은 문으로 시현해서 나타나시고
원력홍심(願力弘深) 그 원력이 크고 깊으시며
대자대비(大慈大悲) 크게 자애로우며 중생들을 가엾이 여기는
구고구난(救苦救難) 고통과 환난에서 구해 주시는 관세음보살님께
귀의합니다

"관세음보살은 어째서 관세음(觀世音)이라 합니까?" 관세음은 본다는 관(觀)이며 세간(世間)이란 세(世)이며, 소리의 음(音)이라는 뜻이며 그 뜻은 "세간의 소리를 관찰하는 보살"이란 뜻이다. 세간의 소리를 관찰한다는 것은 중생들이 관세음의 이름을 부른다면, 언제 어느 때나 누구에게나 그 음성을 듣고 해탈한다는 의미이다. 그러므로 불속에 들어가든, 물에 떠내려가든, 나찰의 국토에 가든, 다 관세음보살의 이름을 부른다면 그 어려움에서 구해준다는 것이다.

법화경의 관세음보살은 이 사바세계의 고달프고 힘든 삶 속에서 일어

나는 칠난(七難), 삼독(三毒), 이구양원(二求兩願)의 고난으로부터 한마음으로 관세음보살의 이름을 부름으로써 중생들이 해탈을 얻는다는 고통과 어려움으로부터 구해진다는 것의 상징이며, 자비행의 화신으로 중생들에게 아주 가까운 믿음의 대상이 되어 왔다.

관음경에 관세음보살을 하나의 마음으로 부르면, 관세음보살님의 그 힘인 원력(願力)으로 다음과 같은 가피가 있다고 한다.
첫째 중생의 고통에서 벗어나게 하는 가피, 둘째 불속의 중생을 타지 않게 하는 가피, 셋째 물에 빠진 중생을 구제하는 가피, 넷째 귀신의 해를 입지 않게 하는 가피, 다섯째 살해를 당하게 된다 해도 칼이 토막토막 부서지게 하는 가피, 여섯째 어두운 성품을 없게 하여 악귀를 보지 못하게 하는 가피, 일곱째 중생에게 칼·쇠고랑 같은 것이 몸에 붙지 못하게 하는 가피, 여덟째 중생의 두려움을 없애주는 가피, 아홉째 험난한 길에서도 도적이 겁탈을 못하게 하는 가피, 열째 음욕을 여의게 하는 가피, 열한째 성내는 마음을 여의게 하는 가피, 열두째 어리석음을 여의게 하는 가피, 열세째 지혜가 충만한 아들을 득남하는 가피, 열네째 단정하고 참한 딸을 얻는 가피, 열다섯째 관세음보살을 한번 부르는 것이 삼천대천세계의 가득 찬 칠보로 보시하는 것보다 큰 복덕이 되게 하는 가피, 열여섯째 중생을 교화하는 가피가 있다.

관세음보살은 귀로 소리를 잘 들어 그 이치를 터득하는 이근능통(耳

根能通)의 도를 이루고 삼라만상이 비어 있는 공(空)함을 보고 모든 고통과 번뇌의 바다를 건넜다고 한다. 여섯 가지의 신통(六神通)으로 고난에 힘든 중생들이 관세음보살을 부른다면 바로 나타나 어떠한 조건 없이 중생을 구제해 주고 그들을 깨달음의 세계로 인도한다. 대자대비한 관세음보살은 모든 곳에서 헤매고 있는 중생을 자비의 힘으로 이끌어 준다.

관세음보살은 관음보살, 관자재보살이며 영어로는 관음(Guan Yin)이며 산스크리트어로는 아바로키테스바라(Avalokiteśvara)로 "위로부터 아래를 굽어 살피시는 분"이란 뜻이다. 관세음보살은 자비로 중생을 구제하고 이끄는 보살이다. 중생의 모든 것을 듣고 보며 보살피는 의미는 1천 개의 손과 1천 개의 눈으로 형상화하여 천수천안(千手千眼) 관자재보살이라 부르기도 한다.

관세음보살상에는 천 개의 손을 상징하는 수많은 손이 있고, 이 손마다 각각 하나씩 눈이 있어 1천 개의 눈을 상징한다.

관세음보살은 인도의 포타라카(Potalaka)산, 한역으로는 보타락가산(補陀洛迦山)에 머문다고 한다. 남인도의 마라야(Malaya-摩羅耶)산 동쪽 구릉지대에 있었을 것으로 추정된다. 서방 세계 아미타불의 극락정토에도 머물지만, 이 세상의 인도 보타락가산에도 거한다. 보타락가산은 인도 남동쪽 해안가 근처에 있는 산인데, 정확한 위치는 알 수가 없다. 당나라 현장 스님이 7세기에 쓴 대당서역기에서 보타락가산은 지금의 스리랑카로 가는 바닷길 근처에 있다고 기록하였다.

보타락가산의 위치는 알 수 없지만 바닷가 근처에 있는 산이라 알려졌다. 한국과 중국, 일본에 있는 관음성지는 거의 해안가나 섬에 있다. 한국의 낙산사(洛山寺)는 이름부터 보타락가의 락 또는 낙(洛)과 산(山)을 따서 지은 이름이다. 바닷가에 있는것도 보타락가산과 비슷하다. 경주 기림사(祇林寺)의 천수천안관세음보살상, 관악산 연주암 관음전에도 천수천안관세음보살상이 있다. 강화도의 보문사(普門寺), 남해 보리암(菩提庵), 여수시 향일암(向日庵) 등이 대표적이다.

관음삼매경(觀音三昧經)에는 관세음보살은 석가모니보다 먼저 부처가 된 정법명왕여래(正法明王如來)였다. 그는 석가모니 전세(前世)의 스승이었는데 중생 구제를 위해 스스로 부처에서 보살이 되었다고 하며, 대자대비한 마음으로 중생을 보살피는 보살로서 한국, 중국, 일본에서 깊은 신앙을 받아 왔다. 아미타불과 관세음보살을 숭배하는 신앙을 정토신앙(淨土信仰)이라고 한다. 한국에서는 원효 대사가 퍼트린 경문인 아미타불과 관세음보살에게 귀의한다는 "나무아미타불 관세음보살" 때문에 인지도가 남다르다. 일본은 칸논사마(관음님)라 부르며 민중신앙이 되었다.

관세음보살은 산스크리트어로 아바로키테스바라(Avalokiteśvara)인데 산스크리트 원어에는 보살이란 뜻이 없고 스바라(Śvara)는 이스바라(Isvara)에서 파생된 어미이며 힌두교의 신인 시바(Siva)에게 붙이는 단어이다. 대승불교의 관세음보살 신앙은 시바에 대한 새로운 모색으로 생겨났을 수도 있다. 천수경의 신묘장구대다라니의 관세음보살은 힌두교의 시바, 비슈누에 대한 것과 비슷하다. 관세음 신앙 자체가 힌두교 신앙에 대한 대응으로 태어났을 수가 있다. 또한 시바신에 대한 대응일 수도 있지만 인도의 토착 신앙이 불교화되었다고 할 수도 있다. 동아시아의 관세음 신앙은 도교의 신앙까지 유입되었다. 그러나 관세음보살의 사상과 정신은 그 모든 것을 합친 것 이상의 위대성과 찬란한 아름다움을 가지고 있다.

석가모니부처님의 입멸 후, 법신불로서 신격화되는 과정에서, 세상을 살피며 중생을 구제하는 구원불로서의 측면이 대비관세음으로 불리게 되고, 이것이 관세음보살 신앙으로 발전했다는 설도 있다. 석가모니의 구제불로서의 측면이 강조된 경전이며 불탑신앙과 관련된 경전인 찬집백연경(撰集百緣經)에 나타나는 석가모니의 모습과 관세음보살보문품에 나타나는 관세음보살의 모습이 비슷하기 때문이다.

시아귀감로미다라니신주경(施餓鬼甘露味陀羅尼神呪經)에는 "대비관세음이시며 가릉빈가(迦陵頻伽)이며 극락정토에 사는 극락조(極樂鳥)의 음성을 지니신 석가모니부처님께서 가지가지의 미묘한 언어로 감로의 법을 열어 보이셨도다. 이 방편의 문으로 간곡히 나에게 부촉하시니 나는 부처님의 지엄한 가르침에 의하여 이를 널리 유포시키리라." 하였다.

관음신앙의 실천 방법으로 첫째는 상념(想念)으로 언제나 관세음보살을 생각하는 것이며, 둘째는 칭명(稱名)인 관세음보살 이름을 부르는 것이며, 셋째는 예배(禮拜)하는 것으로 관세음보살께 항상 절을 하는 것이다. 넷째는 공양(供養)으로 관세음보살님께 꽃과 향과 과일과 곡식 등을 올리는 것이다. 관세음보살보문품에 상념, 칭명, 예배, 공양 등 네 가지의 관음신앙이 설명되어 있다.

관세음보살 기도방법은 묘법연화경의 관세음보살보문품과 광대원만무애대비심대다라니경(廣大圓滿無碍大悲心大陀羅尼經)에서 말하였다. 관세음보살의 이름인 명호를 생각하면 관세음보살이 답하여 구원을 한다고 함으로써 우리나라에서 관음신앙이 널리 행해지고 있다. 관세음보살을 하나의 마음으로 매일 염송한다면, 고통을 극복하고 행복과 자유를 얻으며 깨달음의 길로 들어서는 관음가피력을 얻을 것이다.

33 관세음보살에 대하여

33 관음보살은 관음신앙이 일어난 이후에 인도와 중앙아시아, 티베트, 몽고, 중국, 한국, 일본에서 신앙적으로 믿고 있는 관세음보살을 말하는 것이다.

33 관음 중 인도 기원의 관음이 가장 많으며, 중국에서 생겨난 관음으로는 어람관음(魚藍觀音), 합리관음(蛤利觀音), 마랑부관음(馬郞婦觀音)이 있다.

청경관음경(請經觀音經)에 있는 양류관음(楊柳觀音), 화엄경에 있는 수월관음(水月觀音), 가장 중요하게 드러낸 법화경의 관세음보살보문품의 관음이 있다.

1. 양류관음(楊柳觀音)-오른손에 버드나무 가지를 들고 왼손에 정병(淨瓶)을 들고 나타나 중생의 바람을 성취시켜 준다.
2. 용두관음(龍頭觀音)-구름 속을 나르는 용의 등에 앉거나 또는 서 있으며 천룡(天龍)이나 야차신(夜叉身)을 말한다.
3. 지경관음(持經觀音)-오른손에 책을 들고 바위 위에 앉아 있고 성문신

(聲聞身)에 해당한다.

4. 원광관음(圓光觀音)-관세음보살보문품에서 "청정하고 밝고 태양과 같은 지혜의 빛이 어둠을 부수고"라는 구절같이 오색 빛 속에 합장하고 앉아 있다.

5. 유희관음(遊戲觀音)-상서로운 오색 구름을 타고 자유로운 자세로 서 있거나 앉아 있다.

6. 백의관음(白衣觀音)-흰 옷을 입고 왼손에 연꽃을 들고 오른손은 모든 것을 이루어 주는 수인(手印)인 여원인(與願印)을 하고 있다. 산스크리트어로는 판다라바시니(Pandaravasini)이다.

7. 연와관음(蓮臥觀音)-연못 속의 연꽃 위에 합장을 하고 비스듬히 누워 있다.

8. 농견관음(瀧見觀音)-관세음보살보문품에 "관음보살에 기도하면 불도가니가 변하여 연못이 된다."라고 하였다. 바위 위에 앉아 폭포를 보고 있다.

9. 시약관음(施藥觀音)-'고통과 죽음의 재앙에 등대'이며 몸과 마음의 병을 제거하는 보살이다. 왼손에 연꽃과 여의주를 쥐고 오른손을 뺨에 대며 앉아 있다.

10. 어람관음(魚藍觀音)-당(唐)나라 시대에 물고기장수의 아름다운 딸이 관세음보살보문품을 수지 독송하는 불교신자에게 시집을 갔다. 이 사람이 관음보살의 화신이었다는 전설에 의거한다. 손에 물고기가 가득 담긴 바구니를 들고 있고 큰 물고기를 타고 있다.

11. 덕왕관음(德王觀音)-범왕신(梵王身)이며 가부좌를 취하고 앉아 오른 손에 버들가지를 들고 왼손을 무릎에 대고 있다.

12. 수월관음(水月觀音)-화엄경 입법계품(入法界品)에는 선재동자(善財童子)가 남인도 바닷가의 포타라카(Potalaka)산 또는 보타락가산(補陀洛迦山)에서 관세음보살을 만나는데 그것이 바로 수월관음이다. 푸른 물결 위의 바위 위에서 물에 비친 달을 바라보고 있다. 보타락가는 한역으로는 흰 꽃 또는 희게 빛난다는 백화(白華)로도 번역되었다.

13. 일엽관음(一葉觀音)-관세음보살보문품에는 "큰물을 만나서 표류하더라도 관음보살을 생각하면 낮은 곳을 얻는다."라고 하며 재관신(宰官身)에 해당하고 한 잎의 연꽃을 타고 물 위를 편안하게 떠다니고 있다.

14. 청경관음(靑頸觀音)-산스크리트어로는 닐라칸타(Nilakanta), 검푸른 목을 말한다. 인도 신화에 등장하는 시바(Siva)신이 관세음보살의 화신으로 바뀐 것으로 본다. 인도 신화에 따르면 아주 먼 옛날, 신과 악마들이 바다 속에서 감로수를 찾으려고 하였다. 이 때 맹독성의 독약이 튀어나오자, 시바신은 중생들이 이 독의 피해를 입을 것을 막기 위하여 독을 삼켜버렸고 그래서 목이 검푸르게 변하였다고 한다. 불교에서는 시바의 이 자비심을 관음으로 받아들인 것으로 본다. 청두관음(靑頭觀音)이다.

15. 위덕관음(威德觀音)-악한 무리를 항복시키고 약한 자를 애호하며 천대장군신(天大將軍身)을 나타낸다.

16. 연명관음(延命觀音)-요마(妖魔)의 독을 제거하고 복과 수명을 늘려 준다.

17. 중보관음(衆寶觀音)-관세음보살보문품에서 나찰(羅刹)의 나라에 가더라도 나찰의 난을 벗어나게 하며 꽃과 풀이 가득한 땅에 자유롭게 앉아 있다.

18. 암호관음(巖戶觀音)-산 위의 석굴에 앉아 독충이나 뱀, 전갈 등을 벗어나 물빛이나 산과 숲을 감상하고 있다.

19. 능정관음(能靜觀音)-해변의 바위 위에 서서 바다의 길을 지켜 주시는 관음.

20. 아뇩관음(阿耨觀音)-산스크리트어로 아나바타프타(Anavatapta)이며 인도의 성스러운 강의 시원인 카일라시(Kailash) 성스러운 산에 있는 마나사로바(Manasarova) 호수의 이름에서 유래하는데 바위 끝에 앉아 어민이나 항해하는 상인들을 악귀로부터 보호해준다.

21. 아마제관음(阿摩提觀音)-산스크리트어로 아베트리(Abhetri)이며 무외관음(無畏觀音), 관광관음(寬廣觀音)으로 불린다. 피부가 희며 3개의 눈과 4개의 팔로 지옥에 들어간 중생들을 구원한다.

22. 엽의관음(葉衣觀音)-팔은 4개이며 1000개의 잎으로 만든 옷을 입고 화재예방 및 무병장수를 이루어 준다.

23. 유리관음(琉璃觀音)-향왕관음(香王觀音)이라고도 하며 설법을 할 때 향기가 온 누리에 퍼져 나간다. 자재천신(自在天身)이시며 오색 빛의 유리향로를 들고 한 잎 연꽃을 타고 푸른 물결 위를 떠다닌다.

24. 다라존관음(多羅尊觀音)-타라(Tara)관음이며 타라라는 것은 눈을 의미한다. 관음보살의 눈에서 나오는 광명에서 자비로운 눈으로 중생을 구한다. 푸른 연꽃을 들고 오색 빛을 발하여 근심을 없애준다.

25. 합리관음(蛤利觀音)-큰 조개 껍질 위에 가부좌를 하고 손에 여의주를 쥐고 있다.

26. 육시관음(六時觀音)-육시(六時)란 하루를 말하는데 밤과 낮을 통하여 중생을 살핀다.

27. 보비관음(普悲觀音)-자비를 널리 펼친다는 관음이며 두 손을 법의 속에 숨기고 산꼭대기에 서서 광활한 우주를 바라보고 있다.

28. 마랑부관음(馬郞婦觀音)-불조통기(佛祖統紀)에 나오는 관음보살인데 재관부녀신(宰官婦女身)이며 물고기를 파는 아름다운 여인의 모습으로 나타나 불법을 익히게 만든다.

29. 합장관음(合掌觀音)-합장을 하고 일곱 가지 보석의 연화대 위에 앉아 있거나 서 있다.

30. 일여관음(一如觀音)-구름을 타고 번개를 타고 다니며 허공을 날아다니며 관세음보살보문품에는 우레와 번개를 그치게 한다고 나온다.

31. 불이관음(不二觀音)-큰 연꽃 잎을 타고 물 위를 떠다니면서 집금강신(執金剛神)이며 둘이 아니라는 불이(不二)를 명명하였으며 모든 악귀들을 제압한다.

32. 지연관음(持蓮觀音)-순백의 큰 연꽃 위에 앉아 양손으로 연꽃을 쥐고 있으며 아이 모습이다.

33. 쇄수관음(灑水觀音)-관세음보살보문품에 "감로의 비를 뿌려 번뇌의 불을 끈다."라고 하였다. 왼손에는 물그릇 오른손에는 버들가지를 들고 감로수를 뿌려 중생의 번뇌와 재난을 사라지게 한다.

관세음보살 설화(說話)

첫 번째 설화

옛날 남인도에 두 아들을 둔 부부가 살고 있었다. 그런데 그만 부인이 병들어 죽고, 아버지는 몇 년 후 재혼을 하였다. 한동안 단란한 생활을 하던 중 어느 해 큰 흉년이 들어 생활이 어려워지자 아버지는 이웃나라로 장사를 하러 떠나고 새어머니 혼자 두 아이들을 데리고 있게 되었다.

그런데 이웃의 사공과 눈이 맞은 새어머니가 아이들을 바라보며 생각해 보니 장차 아이들이 자신이 사는 데 큰 장애가 될 것 같았다. 그래서 바다에 버리기로 마음먹고 사공과 짜고 비바람이 몰아치던 날 저녁에 바다 위에서 아버지가 기다린다며 아이들을 조각배에 태워 바다 한가운데로 보내 버렸다. 엉겁결에 조각배에 타게 된 형제는 곧 태풍을 만나게 되었고, 무서움과 추위에 서로 부둥켜안고 어머니를 부르며 울어댔지만, 바다 한가운데서 그들을 구해줄 사람은 없었다.

결국 야속하게도 조각배는 사방에서 휘몰아치는 비바람에 뒤집혀 바닷속으로 가라앉고 말았다. 다행히 형제는 파도에 휩쓸려 무인도에 도달하게 되었다. 사람은 물론이거니와 먹을 것조차 변변히 없는 무인도에서 근근이 연명하던 어느 날 형이 굶주림에 지쳐서 울면서 동생과 마지막 다짐을 하였다.

"아우야, 이제 우리 목숨이 다 된 것 같구나. 아무리 살려 해도 이제 살 방법이 없으니 우리 신세가 가련하기 짝이 없구나. 그러나 세상에는 우리와 같은 신세인 사람이 많이 있을 것이다. 우리와 같이 부모 형제를 잃고 배고픔과 추위에 떠는 사람, 풍랑에 휩싸여 고생하는 사람, 독을 가진 짐승에 물리거나 악한 귀신에 시달려 고난이 많은 사람에게 부처님의 바른 법을 나누어 주되 그들에게 합당한 몸을 나투어 구제해 주도록 하자."

그들은 손가락을 깨물어 흐르는 피로 이 같은 32가지 원(願)을 찢어진 옷자락에 쓴 뒤 나뭇가지에 걸어 놓고 결국 죽고 말았다. 그 뒤, 그는 다시 태어나 부처님의 가르침을 받아 잘 수행하여 관세음보살이 되었다.

두 번째 설화

조개 속에 나타난 관세음보살 이야기이다.

서기 669년의 일이다. 중국의 당나라 문종황제(文宗皇帝)는 불도에 귀의하여 신심이 놀라운 분이었다. 틈만 나면 큰 사찰에 거동하여 부처님께 예배는 물론 재를 베풀어 대중공양도 하고 큰스님을 청하여 설법을 듣기도 하였다. 그리고 내전(內殿)에 불당을 따로 정하여 놓고 관음상을 모신 뒤에 조석으로 예배하여 기도를 올리고 불도공부에 특별하게 관심을 가졌다.

종남산(終南山)에 있는 유정 선사(惟政禪師)를 청하여 화엄경의 강설도 듣고 법화경의 학설도 들어 불교에 관한 조예가 깊었다. 그리고 유정 선사를 왕사나 다름없이 섬기고 스님의 말이라면 전적으로 믿었다. 황제는 이와 같이 신심이 강한 까닭으로 국가에 대사가 있을 때면 관세음보살께 기도하여 현몽을 얻게 되었다.

그래서 그 현몽에 의하여 일을 처리하면 아무리 처단하기 어려운 일이라도 저절로 풀리게 되어 소원대로 되는 일이 많았던 것이다. 황제가 불교에 귀의한 뒤로부터 어육(魚肉)의 반찬을 멀리하고 소반찬으로 식사를 하여 왔는데, 그 가운데 조개만은 특별히 식성을 끌게 되어 냉큼 끊을 수가 없었다.

다른 고기반찬은, 네발도치의 수육(獸商)이라든지 강물이나 바다에서 나는 생선 같은 것은 먹을 생각이 떨어졌는데 유독 조개만은 끊을 수가 없었다. 가는 조개는 국도 끓여먹고 볶아 먹기도 하고 혹은 날조개를 쪼개서 양념을 하여 먹기도 하였다.

그런데 어느날 아침에 수랏상에 조개를 지져 올렸는데 조갑지가 벌어진 것을 하나하나 들어서 살을 떼어 초장에 찍어 먹는 맛이 보통이 아니었다. 그런데 그 가운데 껍데기가 벌어지지 않은 것이 있었다.

젓가락으로 아무리 뒤적거려도 껍데기는 열리지 않는 것이었다. 그래서 황제는 손으로 집어서 힘을 들여 쪼갰더니 쩍 하고 소리가 나며 쪼개졌다. 그런데 이게 웬 조화인지 조갯살점이 금방 변하여 관음상을 나투며 광명을 발하는 것이다. 보살의 상호가 하나도 틀림없이 상아뼈로 조성한 관음상이었다. 이목구비가 수려하고 사지육체가 갖추어져 도사리고 앉은 좌상이었다.

마치 누가 조갯살을 빼서 돌리고 일부러 관음상을 박아 넣은 것도 같았다. 그러나 누가 무슨 까닭으로 그렇게 할 리도 만무하거니와 좀전까지도 조갯살이 붙어 있지 않았던가?

참으로 수수께끼 같아서 알 수가 없는 일이었다. 황제 혼자서는 도저히 이해할 수 없는 일이었다. 그래서 종남산에 있는 유정 선사를 불렀다.

선사는 또 무슨 일이 생겼나 하고 급히 궁중으로 들어갔더니 황제는 조개 속에서 나온 관음상을 보이면서 "스님, 이것을 보세요. 이것이 조개 속에서 나왔어요. 조개 속에서 진주가 나온다는 말은 듣고 보기도 하였는데, 불상이 나온다는 말은 고금을 통해 듣지도 보지도 못하였는데 이렇게 관음보살상이 나왔으니 이게 어찌된 일인가요?" 하였다.

유정 선사는 태연하게 말하되 "이것은 32상으로 응화신(應化身)을 나타내어 중생을 교화하시는 관음보살의 화신(化身)입니다." 하였다.

"32상 가운데, 불신, 보살신, 벽지불신, 범왕신, 소왕신, 재관신, 장군신, 비구신, 비구니신, 장자바라문신, 부녀신, 동남동녀신, 8부금강신, 집금강신 등은 있으되 조개불은 보지 못하였는데 이것을 어떻게 32응신의 화신이라고 하시는지요?" 하고 황제는 물었다.

"부처님의 몸은 백억의 화신을 나투신다고 하지 않습니까? 백억의 화신 가운데 어찌 조개로 나투는 화신인들 없겠습니까?" 유정 선사가 말하였다.

황제가 묻기를 "관음보살은 보살이요, 부처님이 아니거늘, 어찌 백억의 화신을 나툰다고 말씀하시나요?"

유정 선사가 답하기를 "관음보살은 과거에 이미 성불하신 부처님이지만 중생을 제도하기 위하여 대자대비하신 원력으로 보살이 되셨다고 하지 않았습니까? 이런 것이 모두 경전 가운데 있거늘 폐하께서는 어찌 의심하십니까?" 하였다.

"관세음보살보문품인 관음경에 보면 관음보살이 각각 그의 형상을 응하여 제도시킬 자는 각각의 그 형상을 나투어서 설법을 하신다고 하였는데 이 조개는 비록 관음상은 나투었으나 설법이 없으니 어찌된 일입니까?"하고 황제는 물었다.

유정 선사 답하기를 "폐하께서는 이 조개 속에서 관음상이 나온 것을 아무 사람이나 볼 수 있는 일이라고 생각하십니까? 또는 보통으로서는 볼 수 없는 비상하고도 특수하며 기이한 일이라고 생각하십니까? 또는 이것을 관음보살의 신통변화라고 믿으십니까? 아니 믿으십니까?" 하였다.

"짐도 처음 보는 희귀한 일이라 관음보살의 신통변화라고 깊이 믿고 있습니다."라고 황제는 답하였다.

유정 선사는 말하기를 "그러시다면 폐하께서는 관음보살의 설법을 듣고 계신 것이 아니겠습니까? 법문을 들으신 것이 아니면 어찌 믿으시겠습니까? 귀로 듣고 믿으나 눈으로 보고 믿으나 보고 듣는 견문은 한 가지라 생각됩니다. 관음보살은 설함이 없이 설하시는 것이라서, 폐하께서는 들리지 아니하여도 들은 것으로 생각하시는 것이 되셔야 합니다." 하였다. 문종 황제는 유정의 이 말을 듣고 깨달아 기뻐하면서 국내 사찰에 칙령을 내려서 어느 절에든지 관음상을 모시게 하라고 하였다. 그리고 조개 속에서 나온 관음상을 산관음이라 원불(願佛)로 모시고 호신불(護身佛)을 삼았다.

관음보살이 조개 속에서 나타난 것은 황제가 다른 음식은 모두 끊었으면서도 유독 조개의 살생 행위만은 버리지 못한 것을 깨우쳐 주기 위해서이며, 또한 황제의 지극한 신심을 가상히 여긴 까닭이라 하겠다. 영험함은, 신비함으로 생각하기 쉽지만, 지극한 정성은 소원을 성취할 수 있는 것이다.

समन्तमुखपरिवर्तः

관세음보살보문품(觀世音菩薩普門品)
본문

समन्तमुखपरिवर्तः

अथ खलु अक्षयमतिबोधिसत्त्वो महासत्त्व उत्थायासनादेकांसमुत्तरासङ्गं कृत्वा दक्षिणं जानुमण्डलं पृथिव्यां प्रतिष्ठाप्य येन भगवांस्तेनाञ्जलिं प्रणम्य भगवन्तभमेतदवोचत् केन कारनेन भगवन् अवलेकितेश्वरो बेधिसत्त्वे महासत्त्वेऽवलोकितेश्वर इत्युच्यते एवमुक्ते भगवनक्षयमतिं बेधिसत्त्वं महासत्त्वमेतदवेचत् इहकुलपुत्र यावनति सत्त्वभकोदीनयुतशतसहस्राणि यानि दुखानि प्रत्युनुभवन्ति मताी सचेदवलोकितेश्वरस्य बेधिसत्त्वस्य महासत्त्वस्य नामधेयं शृणुयुः तेसर्वे तस्मादुःखस्कन्धाद् परिमुच्येरन्

Samantamukhaparivartaḥ

Atha khalu akṣayamatirbodhisattvo mahāsattva utthāyāsanādekāṁsamuttarāsaṅgaṁ kṛtvā dakṣiṇaṁ jānumaṇḍalaṁ pṛthivyāṁ pratiṣṭhāpya yena bhagavāṁstenāṣjaliṁ praṇāmya bhagavantametadavocat kena kāraṇena bhagavan avalokiteśvaro bodhisattvo mahāsattvo'valokiteśvara ityucyate evamukte bhagavānakṣayamatiṁ bodhisattvaṁ mahāsattvametadavocat iha kulaputra yāvanti sattvakoṭīnayutaśatasahasrāṇi yāni duḥkhāni pratyuanubhavanti, tāni sacedavalokiteśvarasya bodhisattvasya mahāsattvasya nāmadheyaṁ śṛṇuyuḥ, te sarve tasmādduḥkhaskandhād parimucyeran

사만타무카파리바르타흐

아타 칼루 아크사야 마티 보디사뜨보 마하사뜨바 우따야사나데캄삼 우따 라상감 크르트바 다크시남 자누만다람 프리티브얌 프라티스차 프야 예나 바가밤스테나안잘림 프라남야 바가반타메타다보차트 케나 카라네나 바 가반 아바로키테스바로 보디사뜨보 마하사뜨보 아바로 키테스바라 이트 유츠야테 에바무크테 바가바나크사야마팀 보디사뜨 밤 마하사뜨바메타 다보차트 이하 쿨라푸트라 야반티 사뜨바코티나 유타사하스라니 야니 두 카니 프라트유아누바반티, 타니사체다 아발 로키데스바라스야 보디사뜨 바스야 마하사뜨바스야 나마데얌 스르누 유흐, 테 사르바 타스마드 두후 카스칸다드 파리무츠예란

관세음보살보문품(觀世音菩薩普門品)

모든 방향으로 얼굴을 돌리고 바라보는 부처님

사만타-모든 곳을 향하는, 보편적, 무카-입, 얼굴, 파리바르타흐-반복 변화, 품(品)

아타 칼루-그때 참으로, 아크사야-끝없는, 마티-지혜, 마음, 아크사야 마티(Akṣayamati)-한계 없는 마음, 보디사뜨보 마하사뜨바-완전한 깨달음과 성스러운 지혜, 아크사야마티 보디사뜨바 마하사뜨바(Akṣayamati Bodhisattva Mahāsattva)-무진의대보살(無盡意大菩薩), 우따야사나데캄삼 우따라상감-한쪽 어깨에 가사를 걸치고 자리에서 일어나다, 크르트바-행하다, 다크시남 자누만다람-오른쪽 무릎을 구부리다, 프리티브얌 프라티스차프야-땅에 딛고서, 예나-그러한 후에, 바가밤스테나안잘림 프라남야-세존에게 최고의 예로 합장을 하고, 바가반타메타다보차트-세존에게 이렇게 말하였다, 케나-어떠한, 카라네나-이유에 의해, 바가반-세존이여, 아바로키테스바로-관세음(觀世音), 관자재(觀自在), 보디사뜨보 마하사뜨보-완전한 깨달음과 성스러운 지혜, 아바로키테스바라-관세음(觀世音), 이트-이와 같이, 유츠야테-말하다, 에바무크테-이와 같이 말하자, 바가반-세존, 아크사야-한계없는, 마팀-마음, 보디사뜨밤 마하사뜨바-보살마하살, 에타드-~처럼, 이것, 아보차트-말하다, 이하-이와 같이, 쿨라푸트라-선남자(善男子), 야반티-만약에, 사뜨바 코티 나유타 사하스라니-백천만억의 많은 중생들, 야니-여러가지, 두카니-고통, 프라트유아누바반티-받을 때에, 타니사체다-하나의 마음, 일심(一心)으로, 아발로키데스바라스야 보디사뜨바스야 마하사뜨바스야-관세음보살 마하살의, 나마데얌-이름을 부르다, 스르누유흐-음성을 듣고서, 테-그들을, 사르바-모두, 타스마드-그로부터, 두후카스칸다드-고통, 괴로움의 무더기, 파리무츠예란-벗어나게 하다

그때 무진의대보살이 자리에서 일어나 한쪽의 어깨에 상의를 걸치고 한쪽 어깨는 드러내며 오른쪽 무릎을 땅에 대고 부처님을 향해서 합장과 공경을 하면서 이렇게 아뢰었다.

"세존이시여, 관세음보살은 무슨 인연으로 관세음보살이라고 하십니까?" 이와 같이 말하자 부처님께서 무진의대보살에게 이렇게 말씀하셨다.

"선남자여, 만일 한량없는 백천만억 중생이 갖가지 괴로움을 당할 적에 관세음보살의 이름을 듣고서 하나의 마음으로 그 이름을 부르면, 관세음보살이 곧 그 음성을 관찰하고 괴로움으로부터 다 벗어나게 하느니라."

爾時 無盡意菩薩 卽從座起 偏袒右肩 合掌向佛 而作是言
世尊 觀世音菩薩 以何因緣 名觀世音 佛告 無盡意菩薩
善男子 若有無量 百千萬億衆生 受諸苦惱 聞是觀世音菩薩 一心稱名

觀世音菩薩 卽時 觀其音聲 皆得解脫

이시 무진의보살 즉종좌기 편단우견 합장향불 이작시언

세존 관세음보살 이하인연 명관세음 불고 무진의보살

선남자 약유무량 백천만억중생 수제고뇌 문시관세음보살 일심칭명

관세음보살 즉시 관기음성 개득해탈

해석

법화경(法華經) 또는 묘법연화경(妙法蓮華經)은 산스크리트어로 사따르마 푼다리카 수트라(Saddharma Puṇḍarīka Sūtra)라고 한다. 법화경은 화엄경(華嚴經)과 함께 대승불교의 최고의 두 경전이다. 이 책은 법화경 25품의 산스크리트어를 번역한 것으로 한역(漢譯)으로는 관세음보살 보문품(觀世音菩薩普門品)이며 산스크리트어로는 사만타무카파리바르타흐(Samantamukhaparivartaḥ)이다. 사만타(Samanta)는 모든 것이라 번역되며, 무카(Mukha)란 얼굴 또는 입을 말하며, 파리바르타(Parivarta)는 변화 또는 품(品)을 말한다. 이것을 번역한다면 "모든 방향으로 얼굴을 돌리고 바라보는 부처님 또는 관세음보살"을 말하는 것이다. 이 절은 보문품이 시작되는 절이다. 무진의대보살(無盡意大菩薩)은 산스크리트어로 아크사야마티 보디사뜨바 마하사뜨바(Akṣayamati Bodhisattva Mahāsattva)인데 부처님께 관세음보살에 대해 질문하였다. 보살은 여덟의 보살(八菩薩)이 있다. 그것은 무진의보살(無盡意菩薩)과 함께 문수사리보살(文殊師利菩薩), 관세음보살(觀世音菩薩), 득대세보살(得大勢菩薩),

보단화보살(寶檀華菩薩), 약왕보살(藥王菩薩), 약상보살(藥上菩薩), 미륵보살(彌勒菩薩) 등을 말한다. 무진의보살이 부처님께 관세음보살에 대해 질문을 하였는데 관세음보살(觀世音菩薩)은 산스크리트어로 아바로키테스바라(Avalokiteśvara)이며 아바(Ava)는 "내려오다"와 로키타(Lokita)는 "관찰하다"이며 이스바라(Iśvara)는 "인격적인 신(神)"이며 "위로부터 아래를 굽어 살피시는 분"이란 뜻으로 관세음(觀世音)의 한역(漢譯)도 뛰어난 번역이라 생각된다. 관세음(觀世音)은 대비(大悲)이며 중생의 고통(苦)과 괴로움을 건져주는 것이며, 보문(普門)이란 자비(慈悲)를 말하며 중생에게 즐거움(樂)을 주는 것이다. 관세음은 지혜장엄(智慧莊嚴)이며 보문은 복덕장엄(福德藏嚴)이다. 관세음은 자신의 의지에 따라 지혜를 비추는 것이며 보문은 외부에 의해 방편적인 지혜를 비추는 것이다. 관세음은 본질적인 지혜를 말하며 보문은 일어나는 연(椽)의 근원이다. 부처님은 관세음보살에 대해 답하기를 "백천만억 중생이 갖가지 괴로움을 당할 적에 관세음보살의 이름을 부르면, 관세음보살이 곧 그 음성을 관하고 괴로움으로부터 다 벗어나게 하느니라."라고 하였다. 괴로움이나 고통을 벗어나기 위한 부처님의 핵심 가르침인 4성제(四聖諦)인 고집멸도(苦集滅道)에서 고통(苦)이 있으며, 고통이 일어나고(集) 고통이 사라지며(滅), 그것의 방법(道)을 말하는 것이다. 산스크리트어로 고통은 두카(Duhka)이며, 고통이 일어나는 것은 사무다야(Samudaya)이며, 고통이 사라지는 것은 니로다(Niroda)이며, 고통을 사라지게 하는 방법을 마르가(Marga)라고 한다. 이 절에서 고통이 존재할 때 관세음보살의 이름을 듣고서 그 이름을 부르면 괴로움이 사라진다는 것과 같은 것이다. 이 절의 부처님과 관세음보살에 대해 대화하는 보살인 무진의보살(無盡意菩薩) 또는 무진의대보살(無盡意大菩薩)은 산스크리트어로 아크사야마티 보디사뜨바 마하사뜨바(Akṣayamati Bodhisattva Mahāsattva)이다. 산스크리트어로 아크사야는 한계없다는 뜻이며 마티는 마음, 의지, 직관의 뜻을 가지고 있다. 한역으로는 무진의(無盡意)란 뜻이 다함이 없다는 뜻이며, 의(意)란 지(智)라 하고, 무진(無盡)이란 공(空)이나 비어 있고 한계 없다는 뜻이라서 공(空)의 지혜(智慧) 또는 곧 반야(般若)의 지혜이다. 무진의보살이라는 뜻은 반야의 지혜를 깨우친 이며, 부처님께 관세음보살에 대해 물었던 것은 깨달은 이에게 부족한 것은 있으며 어떻게 행위하는지를 묻는 것이다.

ये च कुलपुत्र सत्तव अवलेकितेश्वरस्य बेधिसत्तवस्य
महासत्त्वस्य नामधेयं धारयिष्यन्ति सचेते महत्यग्निस्क
न्धे प्रपतेयुः सर्वे ते अवलेकितेश्वरस्य बेधिसत्तवस्य
महासत्त्वस्य तेजसा तस्मान्मते अग्नस्कन्धात् परिमुच्यरन्
सचेत् पुनः कुलपुत्र सत्त्वा नदीभिरुह्याना अवलेकितेश्वरस्य
बेधिसत्तवस्य महासत्त्वस्यक्रन्दं कुर्युः सर्वास्ता नद्यस्तेषां
सत्ताानं गाधं दद्युः सचेत् पुनः कुलपुत्र सागरमध्ये वहभ
नाभिरूढानां सत्तवकोटीनयुतसहस्राणां
हिरण्यसुवर्णम् अणिमुक्तावज्र वैडूर्य शङ्खशिला प्रवाश्म
गर्भमुसारगल्वलेहित मुकता दीना कृतनिधीनां स पोतस्तेषां
कालिकावातेन राक्षसीद्धीपे क्षिप्तः स्यात् तस्मिंश्च
कश्चिदेकः सत्ताः स्यात् येऽवलेकितेश्वरस्य बेधिसत्तवस्य
महासत्त्वस्याक्रन्दं कुर्यात् सर्वे ते परिमु परिमुच्येरंस्माद्
राक्षसीद्धपात् अनेन खलु पुनः कुलपुत्र अवलेकितेश्वरे
बेधिसत्तवे महासत्त्वेऽवलेकितेश्वर इति संज्ञायते

ye ca kulaputra sattvā avalokiteśvarasya bodhisattvasya

mahāsattvasya nāmadheyaṁ dhārayiṣyanti,

sacette mahatyagniskandhe prapateyuḥ, sarve te

avalokiteśvarasya bodhisattvasya mahāsattvasya tejasā tasmānmahato'gniskandhāt parimucyeran| sacet punaḥ kulaputra sattvā nadībhiruhyamānā avalokiteśvarasya bodhisattvasya mahāsattvasyākrandaṁ kuryuḥ, sarvāstā nadyasteṣāṁ sattvānāṁ gādhaṁ dadyuḥ| sacet punaḥ kulaputra sāgaramadhye vahanābhirūḍhānāṁ sattvakoṭīnayutaśatasahasrāṇāṁ hiraṇyasuvarṇam aṇimuktāvajra vaiḍūrya śaṅkhaśilā pravālāśma garbhamusāragalvalohitamuktā dīnāṁ kṛtanidhīnāṁ sa potasteṣāṁ kālikāvātena rākṣasīdvīpe kṣiptaḥ syāt, tasmiṁśca kaścidevaikaḥ sattvaḥ syāt yo'valokiteśvarasya bodhisattvasya mahāsattvasyākrandaṁ kuryāt, sarve te parimucyeraṁstasmād rākṣasīdvīpāt| anena khalu punaḥ kulaputra kāraṇena avalokiteśvaro bodhisattvo mahāsattvo'valokiteśvara iti saṁjṣāyate||

예 차 쿨라푸트라 사뜨바 아바로키테스바라스야 보디사뜨바스야 마하사뜨바스야 나마데얌 다라이스얀티, 사체떼 마하트야그니스칸데 프라파테유흐, 사르베 테 아바로키테스바라스야 보디사뜨바스야 마하사뜨바스야 테자사 타스만마하토아그니스칸다트 파리무츠예란 사체트 푸나흐 쿨라푸트라 사뜨바 나디비루흐야마나 아바로키테스바라스야 보디사뜨바스야 마하사뜨바스야크란담 쿠르유흐, 사르바스타나드야스테삼 사뜨바남 가담 다드유흐 사제트 푸나흐 쿨라푸트라 사가라마드흐예 바하나비루다남 사뜨바코티나유타사타사하스라남 히란야수바르남 아니 무크타바즈라 바이두르야산카시라 프라바라스마가르바 가르바무사라갈바로히타무크타 디남 크르타니디남 사 포타스테삼 카리카바테나 라크사시드비페 크시프타흐 스야트, 타스밈스차 카스치데바이카흐 사뜨바흐 스야트 요 아바로키테스바라스야 보디사뜨바스야 마하사뜨바스야크란담 쿠르야트, 사르바 테 파리무츠예람스타스마드 라크사시드비파트 아네나 칼루 푸나흐 쿨라푸트라 카라네나 아바로키테스바로 보디사뜨보 마하사뜨보 아바로키테스바라 이티 삼갸야테

예-그리고, 차-또한, 쿨라푸트라-선남자(善男子), 좋은 집안의 자제, 사뜨바-중생들, 아바로키테스바라스야 보디사뜨바스야 마하사뜨바스야-관세음보살 마하살, 나마데얌-이름 또는 명호(名號)를 부르면, 다라이스얀티-염원하다, 사체떼-일심으로, 마하트야그니스칸데 프라파테유흐-거대한 불덩이에 떨어진다, 사르베 테 -그들 모두는, 아바로키테스바라스야 보디사뜨바스야 마하사뜨바스야-관세음보살 마하살, 테자사-위신력, 힘, 타스만마하토아그니스칸다트-거대한 불더미에서, 파리무츠예란-벗어나다, 사체트-일념으로, 푸나흐-또한, 쿨라푸트라-선남자, 사뜨바-선(善)함, 나디비루흐야마나-커다란 강물, 아바로키테스바

라스야 보디사뜨바스야 마하사뜨바스야- 관세음보살 마하살, 아크란담 쿠르유흐-물에 휩쓸리다, 사르바스타나드야스테삼-그들 모두를, 사뜨바남 가담 다드유흐-강가로 인도하다, 사제트 푸나흐-또 말한다면, 쿨라푸트라 사가라마드흐예-선남자가 바다에, 바하나비루다남-배를 타고, 사뜨바코티나유타사타사하스라남-백천만억 중생이, 히란야수바르남-황금덩어리, 마니무크타-루비, 바즈라-다이어몬드, 바이두르야-묘안석(猫眼石), 산카시라-진주, 프라바라스마-산호, 가르바무사라갈바로히타무크타-마노, 디남-등등의, 크르타니디남-보석을 구하여, 사 포타스테삼-그것을 싣고서, 카리카바테나-바다폭풍, 라크사시드비페-나찰귀국, 크시프타흐 스야트-떠내려 가게 되었을 때에, 타스밈스차-그 중에서, 카스치-어떠한, 데바이카흐-한 사람이, 사뜨바흐 스야트-그 많은 중생들이, 요 아바로키테스바라스야 보디사뜨바스야 마하사뜨바스-관세음보살 마하살, 야크란담 쿠르야트-큰소리로 불렀을 때, 사르바 테-그들 모두는, 파리무츠예람스타스마드 라크사시드비파트-나찰의 섬에서 벗어나다, 아네나 칼루 푸나흐-~으로부터, 쿨라푸트라 카라네나-선남자여 이런 이유로, 아바로키테스바로 보디사뜨보 마하사뜨보 아바로키테스바라 이티 삼갸야테-관세음보살마하살이라고 이름이 지어졌다.

이 관세음보살의 이름을 하나된 마음으로 받드는 이는 만약에 큰 불속에 들어가는 일이 있다 하더라도 그 불이 그를 태우지 못할 것이다.

이것은 이 관세음보살의 위신력(威神力) 때문이니라.

혹시 큰물에 떠내려 간다 하더라도 이 관세음보살의 이름을 부르면 즉각 얕은 곳에 이르게 될 것이다.

만약 백천만억의 중생들이 황금과 루비, 다이아몬드, 묘안석, 진주, 산호, 마노 등의 보석을 구하기 위하여 큰바다에 들어갔을 때, 혹시 거대한 폭풍이 불어와 그 배가 나찰(羅刹)들의 섬에 떠내려 갔을 때, 그들 중에 누구라도 관세음보살을 부르는 사람이 한 사람이라도 있다면 다른 모든 이들도 다 나찰의 섬으로부터 벗어날 것이다. 이런 이유로 관세음(觀世音)이라 이름 하느니라.

若有持是 觀世音菩薩名者 設入大火 火不能燒 由是菩薩 威神力故
若爲大水所漂 稱其名號 卽得淺處
若有百千萬億衆生 爲求金銀 琉璃 硨磲 瑪瑙 珊瑚 琥珀 眞珠 等寶
入於大海 假使黑風 吹其船舫 飄墮羅刹鬼國 其中 若有乃至一人
稱觀世音菩薩名者 是諸人等 皆得解脫 羅刹之難 以是因緣 名觀世音

약유지시 관세음보살명자 설입대화 화불능소 유시보살 위신력고
약위대수소표 칭기명호 즉득천처
약유백천만억중생 위구금은 유리 자거 마노 산호 호박 진주 등보
입어대해 가사흑풍 취기선방 표타나찰귀국 기중 약유내지일인
칭관세음보살명자 시제인등 개득해탈 나찰지난 이시인연 명관세음

해석

이 절은 칠난(七難)인 세 가지 재난을 말한다. 첫째인 불의 난(火難), 둘째인 물의 난(水難), 셋째인 풍난(風難) 또는 나찰의 난(羅刹難)을 말한다. 이 절에서 "그들 중에 누구라도 관세음보살을 부르는 사람이 한 사람이라도 있다면" 그러면 관세음보살을 생각하는 간절함의 결과로 나찰의 섬에 갇혀 있든 어떠한 고통으로부터도 벗어날 수 있다는 것이다.

सचेत् कुलपुत्र कश्चिदेव वध्योत्सृष्टोऽवलोकितेश्वरस्य
बोधिसत्त्वस्य महासत्त्वस्या क्रन्दं कुर्यात् तानि तेषां
वध्यघातकानां शस्त्राणि विकीर्येरन्।
सचेत् खलु पुनः कुलपुत्र अयं त्रिसाहस्रमहास्रो
लोकधातुर्यक्षराक्षसैः परिपूर्णो भवेत् ते अवलोकितेश्वरस्य
महासत्त्वस्य नामधेयग्रहणेन दुष्टचित्ता द्रष्टुमप्यशाः स्युः।
सचेत् खलु पुनः कुलपुत्र कश्चिदेव सत्त्वे दार्वायस्मयैर्हडिभ
निगडबन्धनैर्बद्धो भवेत् अपराध्यनपराधी वा तस्यावलोकिभ
तेश्वरस्य बोधिसत्त्वस्य महासत्त्वस्य नामधेयग्रहणेन क्षिप्रं
तानि हडिनिगडबन्धनानि विवरमनुप्रयच्छन्ति।
ईदृशः कुलपुत्र अवलोकितेश्वरस्य बोधिसत्त्वस्य
महासत्त्वस्य प्रभावः॥

sacet kulaputra kaścideva vadhyotsṛṣṭo'valokiteśvarasya
bodhisattvasya mahāsattvasyā krandaṁ kuryāt, tāni teṣāṁ
vadhyaghātakānāṁ śastrāṇi vikīryeran|
sacet khalu punaḥ kulaputra ayaṁ trisāhasramahāsāhasro
lokadhāturyakṣarākṣasaiḥ paripūrṇo bhavet, te
avalokiteśvarasya mahāsattvasya nāmadheyagrahaṇena
duṣṭacittā draṣṭumapyaśaktāḥ syuḥ|

sacet khalu punaḥ kulaputra kaścideva sattvo dārvāyasmaya irhaḍinigaḍabandhanairbaddho bhavet, aparādhyanaparādhī vā, tasyāvalokiteśvarasya bodhisattvasya mahāsattvasya nāmadheyagrahaṇena kṣipraṁ tāni haḍinigaḍabandhanāni vivaramanuprayacchanti|

īdṛśaḥ kulaputra avalokiteśvarasya bodhisattvasya mahāsattvasya prabhāvaḥ||

사체트 쿨라푸트라 카스치데바 바드요트스르스토 아바로키테스바라스야 보디사뜨바스야 마하사뜨바스야 크란담 쿠르야트 타니 테삼 바드야가타카남 사스트라니 비키르예란 사체트 칼루 푸나흐 쿠라푸트라 아얌 트리사하스라마하사하스로 로카다투르아크사라크사사이흐 파리푸르노 바베트 테 아바로키테스바라스야 마하사뜨바스야 나마데야그라하네나 두스타치따 드라스투마프야사크타흐 스유흐 사체트 칼루 푸나흐 쿨라푸트라 카스치데바 사뜨보 다르바야스마야이르하디니가다반다나이르바뜨호 바베트 아파라드흐야나파라디 바 타스야바로키테스바라스야 보디사뜨바스야 마하사뜨바스야 나마드헤야그라하네나 크쉬프람 타니 하디니가다반가나니 비바라마누프라야짠티 이드르사흐 쿠라푸트라 아바로키테스바라스야 보디사뜨바스야 마하사뜨바스야 프라바바흐 사체트-만약에, 쿨라푸트라-선남자, 카스치-어떠한, 데바바드요트스르스토-사형언도(死刑言渡), 해(害)를 입게 되다, 아바로키테스바라스야 보디사뜨바스야 마하사뜨바스야-관세음보살 마하살(觀世音菩薩摩訶薩), 크란담 쿠르야트-큰소리로 부르다, 타니 테삼-그들로부터, 바드야-사형언도를 받았어도, 가타카남-살인자의 곤봉, 사스트라니-무기, 비키르예란-흩트리다, 사체트-혹은, 칼루-참으로, 푸나흐-또한, 쿨라푸트라-선남자, 아얌-나를, 트리사하스라마하사하스로-삼천대천(三千大千) 로카다투르-세계(世界)들, 아크사-야차(夜叉), 라크사사이흐-나찰(羅刹), 파리푸르노-가득 차다, 바베트-괴롭게 하다, 테-그들, 아바로키테스바라스야 마하사뜨바스야-관세음대보살이, 나마데야그라하네나-이름을 부르다, 두스타치따-나쁜 마음, 드라스투마프야-눈으로 째려보다, 사크타흐-~을 할 수 있는, 스유흐-휘젓다, 사체트-혹은, 칼루-참으로, 푸나흐-또한, 쿨라푸트라-선남자, 카스치데바 사뜨보-어떤 중생이, 다르바야스마 야이르하디니가다반다나이르바뜨호 바베트-수갑을 채우고 쇠고랑과 나무칼로 결박한다 해도, 아파라드흐야나파라디 바 -죄가 있거나 없거나, 타스야 아바로키테스바라스야 보디사뜨바스야 마하사뜨바스야-관세음보살마하살의, 나마드헤야그라하네나-이름을 부르다, 크쉬프람 타니 하디니가다반가나니 비바라마누프라야짠티-이것들이 부숴지며 바로 벗어날 것이다, 이드르사흐 쿨라푸트라-이런 선남자, 아바로키테스바라스야 보디사뜨바스야 마하사뜨바스야-관세음보살 마하살이, 프라바바흐-힘

또 어떤 사람이 해(害)를 입게 되었을 때 관세음보살을 부르면 그들이 가진 칼과 몽둥이가 조각이 나서 부숴져 흩어지게 되느니라. 삼천대천세계에 가득찬 야차(夜叉)와 나찰(羅刹)이 사람들을 괴롭힌다 할지라도 관세음보살을 부르는 것을 들으면 모든 악귀(惡鬼)들이 사악한 눈으로 쳐다보지도 못하거늘 하물며 어찌 해를 끼칠 수 있겠는가? 또 어떤 사람이 죄가 있거나 없거나 손발이 고랑에 채워지고 몸이 사슬에 묶이더라도 관세음보살의 이름을 부르면 이 모든 것이 다 부숴지고 끊어지며 바로 벗어나게 될 것이니라.

若復有人 臨當被害 稱觀世音菩薩名者

彼所執刀杖 尋段段壞 以得解脫

若三千大千國土 滿中夜叉羅刹 欲來惱人 聞其稱 觀世音菩薩名者

是諸惡鬼 尙不能以 惡眼視之 況復加害 設復有人

若有罪 若無罪 杻械枷鎖 檢繫其身 稱觀世音菩薩名者

皆悉斷壞 卽得解脫

약부유인 임당피해 칭관세음보살명자

피소집도장 심단단괴 이득해탈

약삼천대천국토 만중야차나찰 욕래뇌인 문기칭 관세음보살명자

시제악귀 상불능이 악안시지 황부가해 설부유인

약유죄 약무죄 추계가쇄 검계기신 칭관세음보살명자

개실단괴 즉득해탈

해석

이 절은 칠난(七難) 중에 넷째인 왕의 난(王難) 또는 도장난(刀杖難), 다섯 번째인 악귀난(惡鬼難), 여섯 번째인 가쇄난(枷鎖難)을 말한다. 가쇄(枷鎖)란 가(枷)는 죄수의 목에 끼우는 칼이며, 쇄(鎖)는 몸을 묶는 쇠사슬을 말한다.

सचेत्कुलपुत्र अयं त्रिसाहस्रमहास्रो लोकधातुधूर्तैरमित्रैश्च शस्त्रपाणिभिः परिपूर्णो भवेत् तस्मिंश्चैकः सार्थवाहो महान्तं सार्थं रत्नाढयनर्ध्यं गृहीत्वा गच्छेत् ते गच्छन्तस्तांश्चौरान् धूर्तान् शत्रूंश्च शस्त्रहस्तान् पश्येयुः। दृष्ट्वा च पुनर्भीतास्त्रस्भ ता अशरणमशत्मानं संजानीयुः। स च सार्थवाहस्तं साथभ मेवं ब्रूयात् मा भैष्ट कुलपुत्राः मा भैष्ट अभयंददम् अवलेकिभ तेश्वरं बेधिसत्तवं महासत्त्वं एकस्वरेण सर्व समाक्रन्दध्वं तते युायमस्माच्चउरभयादमित्रयात् क्षिप्रमेव परिमेक्षयध्वे अथ खलु सर्व एव स सार्थः एकस्वरेण अवलेकितेश्भ वरमक्रन्देत्नमे नमस्तस्मै

अभयंददाया अवलेकितेश्वरं बेधिसत्तवं महासत्त्वं।

सहनामग्नहणेनैव स सार्थः सर्वभयेभयः परिमुक्ते भवत्।

ईदृशः कुलपुत्र अवलेकितेश्वरस्य बेधिसत्तवस्य महासत्त्वस्य प्रभावः॥

sacetkulaputra ayaṁ trisāhasramahāsāhasro lokadhātur dhūrtairamitraiścauraiśca śastrapāṇibhiḥ paripūrṇo bhavet, tasmiṁścaikaḥ sārthavāho mahāntaṁ sārthaṁ ratnāḍhyamanardhyaṁ gṛhītvā gacchet| te gacchantastāṁścaurān dhūrtān śatrūṁśca śastrahastān paśyeyuḥ| dṛṣṭvā ca punarbhītāstrastā aśaraṇamātmānaṁ

saṁjānīyuḥ| sa ca sārthavāhastaṁ sārthamevaṁ brūyāt

mā bhaiṣṭa kulaputrāḥ, mā bhaiṣṭa, abhayaṁdadam

avalokiteśvaraṁ bodhisattvaṁ mahāsattvam ekasvareṇa

sarve samākrandadhvam| tato yūyamasmāccaurabhayāda

mitrabhayāt kṣiprameva parimokṣyadhve| atha khalu sarva

eva sa sārthaḥ ekasvareṇa avalokiteśvaramākrandetnamo

namastasmai abhayaṁdadāyā avalokiteśvarāya bodhisattvāya

mahāsattvāyeti||

sahanāmagrahaṇenaiva sa sārthaḥ sarvabhayebhyaḥ

parimukto bhavet|

īdṛśaḥ kulaputra avalokiteśvarasya bodhisattvasya

mahāsattvasya prabhāvaḥ||

사제트 쿨라푸트라 아얌 트리사하스라마하사하스로 로카다투르 두르타이라이스차우라이스차 사스트라파니비흐 파리푸르노 바베트 타스밈스차이카흐 사르타바호 마한탐 사르탐 라트나드흐야마나르드흐얌 그르히트바 가짜트 테 가짠타스탐스차우란 두르탄 사트룸스차 사스트라하스탄 파스예유흐 드르스트바 차 푸나르비타스트라스타 아사라나마트마남 삼자니유흐 사 차 사르타바하스탐 사르타메밤 브루야트 마 바이스타 쿠라푸트라흐 마 바이스타 아바얌다담 아바로카테수바람 보디사뜨밤 마하사뜨밤 에카스바레나 사르바 사마크란다드밤 타토 유야마스마짜우라바야다미트라바야트 크쉬프라메바 파리모크스야드흐베 아타 칼루 사르바 에바 사 사르타흐 에카스바레나 아바로키테스바라마크란데트 나모 나마스타스마이 아바얌다나야바로키테스바라야 보디사뜨바야 마하사뜨바예티 사하나마그라하네나이바 사 사르타흐 사르바바예브야흐 파리무크토 버베트 이드르사흐 쿨라푸트라 아바로키테스바라야스야 보디사뜨바스야 마하사뜨바스야 프라바바흐

사제트 쿨라푸트라-또 선남자, 아얌-나를, 트리사하스라마하사하스로 로카다투르-삼천대천세계(三千大千世界), 두르타이라이스차우라이스차 사스트라파니비흐-흉악한 도적떼, 파리푸르노 바베트-가득 차 있다, 타스밈스차이카흐 사르타바호 마한탐-여러 상인을 거느린 우두머리 큰 장사꾼이, 사르탐-부유한, 라트나드흐야마나르드흐얌-귀한 보물을 가지고, 그르히트바 가짜트-험한 길을 가더라도, 테 가짠타스탐스차우란 두르탄-도적과 강도와 악인들, 사트룸스차 사스트라하스탄파스예유흐-공격을 받다, 드르스트바 차 푸나르비타스트라스타-바로 앞의 상황을 보고 고함쳤다, 아사라나마트마남 삼자니유흐-아무도 도와줄 수 없는 상황일 때, 사 차 사르타바하스탐 사르타메밤-상단의 우두머리가 상인들에게, 브루야트 마 바이스타 쿠라푸트라흐 마 바이스타-두려움에 떨 때 두려움 없이 두려워하지 말라. 아바얌다담-나아가

다, 아바로카테수바람 보디사뜨밤 마하사뜨밤-관세음보살마하살, 에카스바레나-한 마음으로, 간절한 마음으로, 사르바-모든, 사마크란다드밤--하고 부르면, 타토 유야마스마짜우라바야다미트라바야트 크쉬프라메바 파리모크스야드흐베-곧 그곳을 벗어나게 되느니라, 아타 칼루 사르바-어떤 사람이 해를 입게 되었을 때, 에바 사 사르타흐 에카스바레나, 아바로키테스바라마크란데트 나모 나마스타스마이-그대들은 무서운 마음에 두려워하지 말고, 아바얌다나야바로키테스바라야 보디사뜨바야 마하사뜨바예티-다만 한 마음으로 관세음보살의 이름을 부릅시다. 사하나마그라하네나이바 사 사르타흐 사르바바예브야흐-이 보살은 능히 중생들에게 두려움이 없는, 파리무크토 버베트-힘을 베풀어 보살펴줍니다, 이드르사흐 쿨라푸트라-우리가 만일 관세음보살의 이름을 부르면, 아바로키테스바라야스야 보디사뜨바스 마하사뜨바스야 프라바바흐-관세음보살 마하살의 능력

또 삼천대천세계가 흉악한 도적 떼로 가득 차 있는데 여러 상인을 거느린 우두머리 큰 장사꾼이 귀한 보물을 가지고 험한 길을 가는데 그 가운데 한 사람이 이렇게 외쳤다.
“그대들은 무서운 마음으로 인해 두려워하지 말고 간절한 마음으로 관세음보살의 이름을 부릅시다.
이 관세음보살님은 중생들에게 두려움이 없는 힘을 가지게 할 것입니다. 우리가 관세음보살님의 이름을 부르면 도적들의 위험에서 벗어날

것입니다."라고 하였다.

여러 상인들이 함께 관세음보살하고 그 이름을 부르면 그곳을 벗어날 것이니라.

若三千大千國土 滿中怨賊 有一商主 將諸商人 齎持重寶 經過險路
其中一人 作是唱言
諸善男子 勿得恐怖 汝等 應當一心 稱觀世音菩薩名號
是菩薩 能以無畏 施於衆生 汝等 若稱名者 於此怨賊 當得解脫
衆商人聞 俱發聲言 南無觀世音菩薩 稱其名故 卽得解脫
약삼천대천국토 만중원적 유일상주 장제상인 재지중보 경과험로
기중일인 작시창언
제선남자 물득공포 여등 응당일심 칭관세음보살명호
시보살 능이무외 시어중생 여등 약칭명자 어차원적 당득해탈
중상인문 구발성언 나무관세음보살 칭기명고 즉득해탈

해석

이 절은 일곱번째인 원적난(怨賊難)을 말하는데 도둑의 난을 말한다. 원적(怨賊)이란 도둑을 말한다. 천태지의(天台智顗) 대사(大師)는 "원수의 재난은 정도가 무겁다. 도적이란 본래 재물을 구하며, 원수는 목숨을 빼앗으려 하기 때문이다. 지금은 그 원수가 도적이 되었으니 반드시 재물과 목숨의 두 가지를 빼앗으려 할 것이다. 과거에 피를 흘리고 싸운

일이 있으면 원수라고 부르며, 현재의 재산을 빼앗는 것을 도적이라 부른다."라고 하였다. "그대들은 무서운 마음으로 인해 두려워하지 말고 간절한 마음으로 관세음보살의 이름을 부르면 그것으로부터 벗어날 것이다."라고 하였다.

ये कुलपुत्र रागचरिताः सत्तवाः तेऽवलेकितेश्वरस्य

बेधिसत्तवस्य महासत्त्वस्य नमस्कारं कृत्वा विगतराभ

गा भवन्ति ।ये द्वेषचरिताः सत्तवाः तेऽवलेकितेश्वरस्य

बेधिसत्तवस्य महासत्त्वस्य नमस्कारं कृत्वा विगतद्वेषच

भवन्ति । ये मेहचरिता सत्तवाः तेऽवलेकितेश्वरस्य बेधिभ

सत्तवस्य महासत्त्वस्य नमस्कारं कृत्व विगतमेहाब

भवन्ति । एवं महर्द्धिकः कुलपुत्र अवलेकितेश्वरे बेधिसत्तवे

महासत्त्वः ॥

Ye kulaputra rāgacaritāḥ sattvāḥ, te'valokiteśvarasya bodhisattvasya mahāsattvasya namaskāraṁ kṛtvā vigatarāgā bhavanti| ye dveṣacaritāḥ sattvāḥ, te'valokiteśvarasya bodhisattvasya mahāsattvasya namaskāraṁ kṛtvā vigatadveṣā bhavanti| ye mohacaritāḥ sattvāḥ, te'valokiteśvarasya bodhisattvasya mahāsattvasya namaskāraṁ kṛtvā vigatamohā bhavanti| evaṁ maharddhikaḥ kulaputra avalokiteśvaro bodhisattvo mahāsattvaḥ||

예 쿨라푸트라 라가차리타흐 사뜨바흐 테 아바로키테스바라야스야 보디사뜨바스야 마하사뜨바스야 나마스카람 크르트바 버가타라가 바반티 예 드베사차리타흐 사뜨바흐 테 아바로키테스바라야스야 보디사뜨바스야 마하사뜨바스야 나마스카람 크르트바 비가타데사 바반티 예 모하차리타흐 사뜨바흐 테 아바로키테스바라야스야 보디사뜨바스야 마하사뜨바스야 나마스카람 크르트바 비기타모하 바반티 에밤 마하르띠카흐 쿨라푸트라 아바로키테스바로 보디사뜨바스보 마하사뜨바흐

예-그것, 쿨라푸트라-선남자, 라가차리타흐-애욕(愛慾), 탐(貪), 사뜨바흐-중생, 테-그것, 아바로키테스바라야스야 보디사뜨바스야 마하사뜨바스야-관세음보살 마하살, 나마스카람-귀의하다, 크르트바-행위, 비가타라가-애욕이나 열정으로부터 자유, 바반티-그대, 당신, 예 드베사차리타흐-분노하는, 사뜨바흐-중생, 테 아바로키테스바라야스야 보디사뜨바스야 마하사뜨바스야 나마스카람 크르트바-관세음보살 마하살에게 귀의하는 행위, 비가타데사 바반티-애욕적인, 예 모하차리타흐-어리석은, 사뜨바흐-중생, 테 아바로키테스바라야스야 보디사뜨바스야 마하사뜨바스야 나마스카람 크르트바- 관세음보살 마하살에게 귀의하는 행위, 비가타모하 바반티-어리석은 그대, 에밤 마하르띠카흐-참으로 위대하고 성스러운, 쿨라푸트라-선남자, 아바로키테스바로 보디사뜨바스보 마하사뜨바흐-관세음보살 마하살

"무진의여, 관세음보살마하살의 성스러운 위신력의 높음은 이와 같다.

만일 음욕(淫慾)으로 말미암아 번민하는 중생이 있더라도 항상 관세음보살인 진리의 지혜를 생각하고 공경하는 마음을 갖는다면, 자연히 그 음욕은 마음으로부터 멀리 떠나가 번민하는 것이 없어질 것이니라.

또 어떤 것에 분노하는 진애(瞋恚)를 느껴 그 때문에 자기 자신을 괴롭히는 사람이 있더라도 항상 관세음보살을 생각하고 언제나 공경하는 마음을 가지면, 기필코 그 성내는 버릇에서부터 벗어날 수 있을 것이니라.

또 인간다운 지혜가 모자라는 우치(愚癡)의 어리석음이 가득 차 있는 사람이 있더라도 언제나 관세음보살의 지혜를 생각하고 공경하는 마음을 가지면, 반드시 그 어리석음에서 벗어날 수 있을 것이니라."

無盡意 觀世音菩薩摩訶薩 威神之力 巍巍如是
若有衆生 多於婬欲 常念恭敬 觀世音菩薩 便得離慾
若多瞋恚 常念恭敬 觀世音菩薩 便得離瞋
若多愚痴 常念恭敬 觀世音菩薩 便得離痴
무진의 관세음보살마하살 위신지력 외외여시
약유중생 다어음욕 상념공경 관세음보살 변득이욕
약다진에 상념공경 관세음보살 변득이진
약다우치 상념공경 관세음보살 변득이치

해석

이 절은 탐진치(貪瞋癡) 삼독(三毒)인 욕심과 분노와 어리석음에 대해서 말하고 있다. 이 세 가지의 독을 벗어나기 위해서는 관세음보살의 자비는 중도(中道)의 실상이며 그것을 수행하는 것이 관음이며 지혜이며 본래의 여래이며 부처임을 깨닫는 것이다. 탐(貪)은 산스크리트 번역 라가차리타흐(Rāgacaritāḥ)이며 음욕이나 애욕을 뜻하고, 진(瞋)은 드베사차리타흐(Dveṣacaritāḥ)이며 분노하는, 성냄을 뜻하며, 치(癡)는 비가타모하(Vigatamohā)로 어리석은 것을 뜻한다.

यश्च कुलपुत्र अवलोकितेश्वरस्य बोधिसत्त्वस्य महासत्त्वस्य
पुत्रकामो मातृग्रामो नमस्कारं करोति
तस्य पुत्रः प्रजायते अभिरूपः प्रासादिको दर्शनीयः ।
पुत्रलक्षणसमन्वागतो बहुजनापोऽवरपितकुशलमूलश्च
भवति ।
यो दारिकामभिनन्दति तस्य दारिका प्रजायते अभिरूपा
प्रासादिका दर्शनीया परमया शुभवर्णपुष्करतया समन्वागता
दारिका लक्षणसमन्वागता बहुजनीप्रया मनापा अवरार्पितकु
शलभूला च भवति ।
इदृशः कुलपुत्र अवलोकितेश्वरस्य बोधिसत्त्वस्य
महासत्त्वस्य प्रभावः ॥

yaśca kulaputra avalokiteśvarasya bodhisattvasya
mahāsattvasya putrakāmo mātṛgrāmo namaskāraṁ karoti,
tasya putraḥ prajāyate abhirūpaḥ prāsādiko darśanīyaḥ।
putralakṣaṇasamanvāgato bahujanapriyo
manāpo'varopitakuśalamūlaśca bhavati।
yo dārikāmabhinandati, tasya dārikā prajāyate abhirūpā
prāsādikā darśanīyā paramayā śubhavarṇapuṣkaratayā
samanvāgatā dārikā-lakṣaṇasamanvāgatā bahujanapriyā

manāpā avaropitakuśalabhūlā ca bhavati|

īdṛśaḥ kulaputra avalokiteśvarasya bodhisattvasya

mahāsattvasya prabhāvaḥ||

야스차 쿨라푸트라 아바로키테스바라야스야 보디사뜨바스야 마하사뜨바스야 푸트라카모 마트르그라모 나마스카르맘 카로티 타스야 푸트라흐 프라자야테 아비루파흐 프라사디코 드라사니야흐 푸트라라크사나사만바가토 바후자나프리요 마나포 아바로피타쿠사라무라스차 바바티 요 다리카마비난다티 타스야 다리카 프라자야테 아비루파 프라사디카 다리사니야 파라마야 수바바르나푸쉬카라타야 사만바가타 다리카 라크사나사만바가타 바부자나프리야 마나파 아바로피타쿠사라부라 차 바바티 이드르사흐 쿨라푸트라 아바로키테스바라야스야 보디사뜨바스야 마하사뜨바스야 프라바바흐

야스차 쿨라푸트라-선남자여, 아바로키테스바라야스야 보디사뜨바스야 마하사뜨바스야-관세음보살 마하살, 푸트라카모 마트르그라모-아들을 낳기를 원하는 여인, 나마스카르맘 카로티-예배하고 공양한다면, 타스야 푸트라흐-아들을, 프라자야테-얻다, 아비루파흐-브라만의 자손, 바라문의 자손, 프라사디코 다르사니야흐-복덕과 모든 지혜를 갖춘, 푸트라-자손, 라크사나-보호하다, 사만바가토-성취하다, 바후자나프리요-많은 사람이 즐거운, 마나포-좋아하는, 아바로피타쿠사라무라스

차 바바티-어여쁜 딸을 낳다, 요 다리카마비난다띠-이 여인은 전생에 덕을 쌓았음, 타스야 다리카 프라자야테 아비루파-여신 같은 예쁜 딸을 얻다, 프라사디카 다리사니야-복덕과 지혜를 갖춘, 파라마야-넘어선, 수바-우아한, 바르나-형태, 색깔, 푸쉬카라타야-연꽃, 사만바가타-성취, 다리카-딸, 라크사나-도움, 사만바가타-성취, 바부자나프리야-많은 이가 기뻐함, 마나파-매료하는, 존경하는, 아바로피타쿠사라부라차 바바티-어여쁜 딸을 낳다, 이드르사흐-이와같은(如是) 쿨라푸트라-선남자, 아바로키테스바라야스야 보디사뜨바스야 마하사뜨바스야-관세음보살마하살, 프라바바흐-위신력, 힘

무진의여, 관세음보살은 이러한 큰 위엄과 신력이 있어
중생들을 이익케 하나니 그러므로 중생들은 항상 마음으로 관세음보살을 생각할 것이니라.
선남자여, 만일 어떤 여인이 아들 낳기를 원하여 관세음보살에게 예배하고 공경하면 복덕과 지혜를 갖춘 훌륭한 아들을 낳을 것이며,
만일 딸 낳기를 원한다면 그녀는 연꽃과 같이 단정하고 용모를 갖춘 어여쁜 딸을 낳을 것이며, 전생에 덕을 쌓았으므로 많은 사람이 사랑하고 존경할 것이니라.
무진의여, 관세음보살은 이와 같은 힘이 있느니라

無盡意 觀世音菩薩 有如是等 大威神力 多所饒益 是故 衆生 常應心念

若有女人 設欲求男 禮拜供養 觀世音菩薩 便生福德 智慧之男
設欲求女 便生端正 有相之女 宿植德本 衆人愛敬
無盡意 觀世音菩薩 有如是力
무진의 관세음보살 유여시등 대위신력 다소요익 시고 중생 상응심념
약유여인 설욕구남 예배공양 관세음보살 변생복덕 지혜지남
설욕구녀 변생단정 유상지녀 숙식덕본 중인애경
무진의 관세음보살 유여시력

해석

앞절에서 얘기했던 마음으로 관세음보살을 항상 생각하고 공경하면 탐진치(貪瞋痴)의 3독을 여의게 되며, 몸으로 관세음보살을 예배하고 공양하면 아들과 딸을 소원하는 대로 나을 수 있다. 즉 이구양원(二求兩願)을 성취할 수 있다는 것이다. 여기서 아들은 지혜를 상징한 것이요 딸은 자비를 상징한 것으로, 이구양원은 지혜와 자비를 완성할 수 있다는 뜻으로 받아들이는 것이 옳을 것이다. 이 절에서 관세음보살에게 간절히 예배하면 이루어지지만 자신의 수행의 노력에 의해 이루어지는 것이며 욕심에 의한 바람은 올바른 방향이 아닐것이다. 중요한 것은 자신의 공덕과 인내와 노력에 의해 결실이 이루어진다. 공덕과 지혜는 동시적이며 그러한 생각들이 관세음보살에게 감응을 일으키는 핵심이 될 것이다.

यश्च कुलपुत्र अवलेकितेश्वरस्य बेधिसत्तवस्य महासत्त्वस्य नमस्कारं करिष्यति नामधेयं च धारयिष्यति यश्च द्वाषष्टीनां गङ्गानदीवालिकासमानां बुद्धानां भगवतां नामस्कारं कुयभ ति नामधेयानि च धारयेत् यश्च तावतामे बुद्धानां भगवतां तिष्ठतां यापयतां चीवरपिण्डपातशयनासनग्लानप्रत्ययभैषभ ज्यपरिष्कारैः पूजां कुर्यात् तत्किं मन्यसे कुलपुत्र कियन्तं स कुलपुत्र वा कुलदुहिता वा ततोनिदानं पुण्याभिसस्कांरं प्रसवेत् एवमु अक्षयमतिर्बोधिसत्त्वो महासत्त्वो भगवन्तभ मेतवोचत् बहु भगवन् ब्हु सुगत स कुलपुत्र वा कुलदुहिता वा तोनिदानं बहुं पुण्यामिसंस्कारः यश्च अवलेकितेश्वरस्य बेधिसत्तवस्य महासत्त्वस्य अन्तश एकमपि नमस्कारं कुर्यात् नमधेयं च धारयेत सामेऽनधिकोऽनतिरेकः पुण्याभि संस्कारः उभयतो भवेत्।

यश्च तेषां द्वाषष्टीनां गङ्गानदीवालिकासमानां बुद्धानां भगवतां सत्कारं कुर्यात् नमधयानि च धारयेत् यश्च अवलेकितेश्भ वरस्य बेधिसत्तवस्य महासत्त्वस्य नमस्करं कुर्यात् नमधभ थयं च धारयेत् एतावुभौ पुण्यस्कन्धौ नसकरौ क्षपयितुं कल्पकोटीनयुतशतसहस्रैरपि।

एवमप्रमेयं कुलपुत्र अवलेकितेश्वरस्य बेधिसत्तवस्य

महासत्त्वस्य नामधारणात् पुण्यम् ॥

ye ca kulaputra avalokiteśvarasya bodhisattvasya mahāsattvasya namaskāraṁ kariṣyanti, nāmadheyaṁ ca dhārayiṣyanti, teṣāmamoghaphalaṁ bhavati। yaśca kulaputra avalokiteśvarasya bodhisattvasya mahāsattvasya namaskāraṁ kariṣyati, nāmadheyaṁ ca dhārayiṣyati, yaśca dvāṣaṣṭīnāṁ gaṅgānadīvālikāsamānāṁ buddhānāṁ bhagavatāṁ namaskāraṁ kuryāt, nāmadheyāni ca dhārayet, yaśca tāvatāmeva buddhānāṁ bhagavatāṁ tiṣṭhatāṁ dhriyatāṁ yāpayatāṁ cīvarapiṇḍa pātaśayanā sanaglāna pratyayabhai ṣajyapariṣkāraiḥ pūjāṁ kuryāt, tatkiṁ manyase kulaputra kiyantaṁ sa kulaputro vā kuladuhitā vā tatonidānaṁ puṇyābhisaṁskāraṁ prasavet evamukte akṣayamatirbodhisattvo mahāsattvo bhagavantametadavocat-bahu bhagavan, bahu sugata sa kulaputro vā kuladuhitā vā tatonidānaṁ bahuṁ puṇyābhisaṁskāraṁ prasavet। bhagavānāha-yaśca kulaputra tāvatāṁ buddhānāṁ bhagavatāṁ satkāraṁ kṛtvā puṇyābhisaṁskāraḥ, yaśca avalokiteśvarasya bodhisattvasya mahāsattvasya antaśa ekamapi namaskāraṁ kuryāt nāmadheyaṁ ca dhārayet, samo'nadhiko'natirekaḥ puṇyābhisaṁskāraḥ ubhayato bhavet| yaśca teṣāṁ dvāṣaṣṭīnāṁ gaṅgānadīvālikāsamānāṁ buddhānāṁ bhagavatāṁ satkāraṁ kuryāt nāmadheyāni ca dhārayet, yaśca avalokiteśvarasya bodhisattvasya mahāsattvasya namaskāraṁ kuryāt nāmadheyaṁ ca dhārayet, etāvubhau puṇyaskandhau na sukarau kṣapayituṁ kalpakoṭīnayutaśatasahasrairapi| evamaprameyaṁ kulaputra avalokiteśvarasya bodhisattvasya mahāsattvasya nāmadhāraṇāt puṇyam||

예차 쿨라푸트라 아바로키테스바라야스야 보디사뜨바스야 마하사뜨바스야 나마스카람 카리스얀티 나마드혜얌 차 다라이스얀티, 테삼아모가파팔람 바바티 야스차 쿨라푸트라 아바로키테스바라야스야 보디사뜨바스야 마하사뜨바스야 나마스카람 카리스얀티 나마드혜얌 차 다라이스얀티 야스차 드바사스티남 강가나디바리카사마남 부따남 바가바탐 나마스카람 쿠르야트 나마드헤야니 차 다라예트 야스차 타바타메바 부따남 바가바탐 티스타탐 드흐리야탐 야파야탐 치바라핀다파타사야나 사나그라나 프라트야야바이 사즈야파리스카라이흐 푸잠 쿠르야트 타스킴 만야세 쿨라푸트라 키얀탐 사 쿨라푸트로 바 쿨라두히타 바 타토니다남 푼야비삼카람 프라사베트 에바무크테 아크사야마티르보디사뜨보 마하사뜨보 바가반타메타다보차트 바후 바가밤 바후 수가타 사 쿨라푸트로 바 쿨라두히타 바 타토니다남 바훔 푼야비삼스카람 프라사베트 바가바나하 야스카 쿨라푸트라 타바탐 부따남 바가바타 사트카람 크르트바 푼야비삼스카라흐 야스차 아바로키테스바라야스야 보디사뜨바스야 마하사뜨바스야 안타사 에캄아피 나마스카람 쿠르야트 나마드헤얌 차 다라예트 사모아나디코아나티레카흐 푼야비삼스카라흐 우바야토 바베트 야시카 테삼 드바사스티남 강가나디바리카사마남 부따남 바가바탐 사트카람 쿠르야트 나마드헤얌 차 다라예트 야스차 아바로키테스바라야스야 보디사뜨바스야 마하사뜨바스야 나마스카람 쿠르야트 나마드헤얌 차 다라예츠 에타부바우 푼야스칸다우 나 수카라우 크사파이툼 칼파코티나유타사타스라이라피 에바마프라메얌 쿨라푸트라 아바로키테스바라야스야 보디사뜨바스야 마하사뜨바스야 나마다라나트 푼얌

예차 쿨라푸트라-어떤 선남자, 아바로키테스바라야스야 보디사뜨바스야 마하사뜨바스야-관세음보살 마하살, 나마스카람 카리스얀티-예배하고 공양한다면, 나마드헤얌 차 다라이스얀티-그 이름을 부르고 간직한다면, 테삼아모가파팔람 바바티-그러한 복이 헛되지 않을 것이다, 야스차 쿨라푸트라-어떤 선남자, 아바로키테스바라야스야 보디사뜨바스야 마하사뜨바스야-관세음보살 마하살, 나마스카람 카리스얀티- 예배하고 공양한다면, 나마드헤얌 차 다라이스얀티-그 성호를 부르고 간직한다면, 야스차 드바사스티남 강가나디바리카사마남-62억

갠지스강 또는 항하의 모래알 수만큼 많은(恒河沙), 부따남 바가바탐 나마스카람 쿠르야트-부처님에게 귀의하고 존경하며, 나마드헤야니 차 다라예트-이름을 부르고 유지하고, 야스차 타바타메바-오직 그것만이, 부따남 바가바탐 티스타탐 드흐리야탐 야파야탐-목숨이 다하도록 부처님을 존경하고 부처님에 머무르면, 치바라핀다 파타사야나-음식과 옷, 사나그라나 프라트야야바이 사즈야파리스카라이흐-침구(寢具)와 좌구(坐具)와 의약품, 푸잠 쿠르야트-복덕이 얼마나 되는가?, 타스킴 만야세 쿨라푸트라-선남자여 너의 생각은 어떠한가?, 키얀탐 사쿨라푸트로 바 쿨라두히타 바-선남자(善男子)와 선여인(善女人)의, 타토니다남 푼야비삼카람 프라사베트-공덕의 양이 얼마나 많겠는가?, 에바무크테 아크사야마티르보디사뜨보 마하사뜨보-무진의보살이 아뢰었다, 바가반타메타다보차트 바후 바가밤-세존이시여, 바후 수가타 사쿨라푸트로 바 쿨라두히타 바-올바르게 살아가는 선남자와 선여인, 타토니다남 바훔 푼야비삼스카람 프라사베트-얼마나 많은 공덕을 지니겠는가?, 바가바나하-부처님께서 말씀하시길, 야스차 쿨라푸트라-어떤 선남자가, 타바탐 부따남 바가바타 사트카람-부처님을 성스러움에 귀의하는, 크르트바 푼야비삼스카라흐-공덕의 자취의 행위, 야스차 아바로키테스바라야스야 보디사뜨바스야 마하사뜨바스야-관세음보살 마하살의, 안타사 에캄아피 나마스카람 쿠르야트-한 번이라도 예배한다면, 나마드헤얌 차 다라예트-이름 또는 성호(聖號)를 부르고, 사모아나디코아나티레카흐-한계 없는, 푼야비삼스카라흐-공덕의 자취,

우바야토 바베트-두 길에서, 야시카 테삼 드바사스티남-두사람의 머무름이, 강가나디바리카사마남-갠지스강의 모래알만큼, 부따남 바가바탐 사트카람 쿠르야트-부처님을 공경하는, 나마드헤얍 차 다라예트-이름 또는 성호를 부르고, 야스차-오직 그것만, 아바로키테스바라야스야 보디사뜨바스야 마하사뜨바스야-관세음보살 마하살, 나마스카람 쿠르야트-공경과 예배하면서, 나마드헤얍 차 다라예츠-성호를 부르고 간직하는, 에타부바우 푼야스칸다우 나 수카라우 크사파이툼-끝없는 복덕의 이로움을 얻을 것이다, 칼파코티나유타사타스라이라피-백천만겁(百千萬劫)에도, 에바마프라메얍-이와 같이 한계 없는, 쿨라푸트라-선남자, 아바로키테스바라야스야 보디사뜨바스야 마하사뜨바스야 나마다라나트 푼얍-관세음보살 마하살의 이름을 받아지니는 공덕은

"어떤 선남자가 관세음보살에게 공경하고 예배하면 그 복덕은 헛되지 않을 것이니라.
그러니 선남자여 모두가 관세음보살의 성스러운 이름을 받아지니라."
"무진의여, 어떤 사람이 62억의 갠지스강 또는 항하의 모래알만큼
많은 관세음보살의 성호를 받아 지니고 그 목숨이 다할 때까지
음식과 옷과 침구와 좌구와 의약품으로 공양한다면,
이 선남자와 선여인의 공덕이 얼마나 크다고 생각하느냐?"
무진의보살이 말하였다.
"세존이시여, 참으로 많을 것입니다."

세존께서 말씀하셨다.

"선남자와 선여인이여, 만약 어떤 사람이 관세음보살의 이름을 받아지니고 단 한 때라도 예배하고 공양하였다면 이 두 사람의 복덕은 같으며 다름이 없어 백천만억겁에 이르도록 다함이 없으리라.

무진의여, 관세음보살의 이름을 받아지니면 이와 같이 한계 없는 무량한 복덕을 얻느니라."

若有衆生 恭敬禮拜 觀世音菩薩 福不唐損

是故 衆生 皆應受持 觀世音菩薩名號

無盡意 若有人 受持 六十二億 恒河沙 菩薩名字

復盡形 供養飮食依服 臥具醫藥 於汝意云何 是善男子善女人

功德多不

無盡意言 甚多 世尊

佛言 若復有人 受持觀世音菩薩名號 乃至 一時 禮拜供養

是二人福 正等無異 於百千萬億劫 不可窮盡

無盡意 受持觀世音菩薩名號 得如是 無量無邊 福德之利

약유중생 공경예배 관세음보살 복불당연

시고 중생 개응수지 관세음보살명호

무진의 약유인 수지 육십이억항하사 보살명자

부진형 공양음식의복 와구의약 어여의운하 시선남자선여인

공덕다부

무진의언 심다 세존

불언 약부유인 수지관세음보살명호 내지 일시 예배공양

시이인복 정등무이 어백천만억겁 불가궁진

무진의 수지관세음보살명호 득여시 무량무변 복덕지리

해석

천태 대사는 말하기를 "원만한 사람은 오직 하나이지만 한쪽으로 쏠려 있는 사람은 많으며 62억의 한쪽으로 쏠려 있는 보살은 하나의 원만한 보살과 같다."라고 하였다. 중도는 평등하므로 원만한 사람이며 법신보살(法身菩薩)이며 하나와 같다. 금강경에 갠지스강의 모래를 비유하였다. 세존께서 말씀하셨다. "수보리여, 갠지스강이라는 큰 강에 있는 모래알만큼의 갠지스강이 되고, 그 모래알만큼의 세계가 된다면 그 세계가 얼마나 된다고 생각하느냐?"라고 하였다. 강가얌 마하 나드얌 바쿨라(Gaṅgāyām mahā nadyām vālukā) "갠지스강이라는 큰 강에 있는 모든 모래알"이란 갠지스강의 수많은 모래알과 같은 많은 보물을 보시하더라도 경전의 한 구절을 다른 이에게 알려주는 공덕이 더 크다고 하였다. 이 절에서 백천만억겁의 공덕이며 산스크리트어로 푼야(Punya)를 말하였다.

अथ खल्वक्षयमतिर्बेधिसत्तवो महासत्त्वो
भगवन्तमेतदवोचत् कथं भगवन्
अवलेकितेश्वरस्य बेधिसत्तवाय महासत्त्वेअस्यां सहायां
लेकधातउ प्रविचरति कथं सत्तवानां धर्मं देशयति किदृशक्ष
ाबलेकितेश्वरस्यां
बेधिसत्तवस्य महासत्त्वस्येपायकौशल्पविषयः एवमुके
भगवान्क्षयमतिं बेधिसत्तवं महासत्त्वमेतदवोचत् सन्ति
कुलपुत्र लोकधातवः येष्ववलोकितेश्वरो बेधिसत्तवे
महासत्त्वो बुद्धरूपेण सत्तवानां धर्मं देशयति ।
सन्ति लोकधातवः येष्ववलोकितेश्वरो बेधिसत्तवे महासत्त्वो
बेधिसत्तवरूपेण सत्तवानां धर्मं देशयति ।
केषांचित् प्रत्येकबुद्धरूपेण अवलेकितेश्वरो बेधिसत्तवो
महासत्त्वः सत्तवानां धर्मं देशयति ।
केषांचिछ्रावकबरूपेण अवलेकितेश्वरो बेधिसत्तवो महासत्त्वः
सत्तवानां धर्मं देशयति ।
केषांचिद् ब्रह्मरूपेणवलेकितेश्वरो बेधिसत्तवो महासत्त्वः
सत्तवानां धर्मं देशयति ।
केषांचिच्छकरूपेणवलेकितेश्वरो बेधिसत्तवो महासत्त्वः धर्मं
देशयति ॥

केषांचिद् गन्धर्वरूपेणवलेकितेश्वरो बेधिसत्तवो महासत्त्वः सत्तवानां धर्मं देशयति ।
केषांचिद् गन्धर्वरूपेणवलेकितेश्वरो बेधिसत्तवो महासत्त्वः सत्तवानां धर्मं देशयति ।
यक्षवैनेयानां सत्तवानां यक्षरूपेण धर्मं देशयति ।
ईश्वरवैनेयानां सत्तवानामीश्वरूपेण महेश्वरवैनेयानां सत्तवानां महेश्वररूपेण धर्मं देशयति ।
चक्रवर्तिराजवैनेयानां सत्तवानां चक्रवर्तिराजरूपेण धर्मं देभ शयति ।
पिशाचवैनेयानां सत्तवानां पिशाचरूपेण धर्मं देशयति ।
वैक्षवणवैनेयानां सत्तवानां वैक्षवणरूपेण धर्मं देशयति ।
सेनापवैनेयानां सत्तवानां सेनापतिरूपेण धर्मं देशयति ।
ब्रह्मणवैनेयानां सत्तवानां ब्रह्मरूपेण धर्मं देशयति ।
वज्रपाणिवैनेयानां सत्तवानां वज्रपाणिरूपेण धर्मं देशयति ।
एवमचिन्त्यगुणसमन्वागतः कुलपुत्र अवलेकितेश्वरो बेधिभ सत्तवो महासत्त्वः ।
तस्मात्तर्हि कुलपुत्र अवलेकितेश्वरं बेधिसत्तवं महासत्त्वं पजयध्वम् ।
एष कुलपुत्र अवलेकितेश्वरो बेधिसत्तवो महासत्त्वो भीतानां

सत्त्वानामभयं ददाति ।
अनेन कारणेन अभयंदद इति संज्ञायते इह सहायां लोकधभ
तौ ॥

atha khalvakṣayamatirbodhisattvo mahāsattvo
bhagavantametadavocat kathaṁ bhagavan avalokiteśvaro
bodhisattvo mahāsattvo'syāṁ sahāyāṁ lokadhātau
pravicarati kathaṁ sattvānāṁ dharmaṁ deśayati
kīdṛśaścāvalokiteśvarasya bodhisattvasya
mahāsattvasyopāyakauśalyaviṣayaḥ evamukte
bhagavānakṣayamatiṁ bodhisattvaṁ mahāsattvametadavocat
santi kulaputra lokadhātavaḥ yeṣvavalokiteśvaro bodhisattvo
mahāsattvo buddharūpeṇa sattvānāṁ dharmaṁ deśayatiǀ
santi lokadhātavaḥ, yeṣvav alokiteśvaro bodhisattvo
mahāsattvo bodhisattvarūpeṇa sattvānāṁ dharmaṁ deśayatiǀ
keṣāṁcit pratyekabuddharūpeṇa avalokiteśvaro bodhisattvo
mahāsattvaḥ sattvānāṁ dharmaṁ deśayatiǀ
keṣāṁcicchrāvakarūpeṇa avalokiteśvaro bodhisattvo
mahāsattvaḥ sattvānāṁ dharmaṁ deśayatiǀ
keṣāṁcid brahmarūpeṇāvalokiteśvaro bodhisattvo
mahāsattvaḥ sattvānāṁ dharmaṁ deśayatiǀ

keṣāṁcicchakrarūpeṇāvalokiteśvaro bodhisattvo mahāsattvaḥ dharmaṁ deśayati||

keṣāṁcid gandharvarūpeṇāvalokiteśvaro bodhisattvo mahāsattvaḥ sattvānāṁ dharmaṁ deśayati|

keṣāṁcid gandharvarūpeṇāvalokiteśvaro bodhisattvo mahāsattvaḥ sattvānāṁ dharmaṁ deśayati|

yakṣavaineyānāṁ sattvānāṁ yakṣarūpeṇa dharmaṁ deśayati|

īśvaravaineyānāṁ sattvānāmīśvararūpeṇa,

maheśvaravaineyānāṁ sattvānāṁ maheśvararūpeṇa dharmaṁ deśayati|

cakravartirājavaineyānāṁ sattvānāṁ cakravartirājarūpeṇa dharmaṁ deśayati|

piśācavaineyānāṁ sattvānāṁ piśācarūpeṇa dharmaṁ deśayati|

vaiśravaṇavaineyānāṁ sattvānāṁ vaiśravaṇarūpeṇa dharmaṁ deśayati|

senāpativaineyānāṁ sattvānāṁ senāpatirūpeṇa dharmaṁ deśayati|

brāhmaṇavaineyānāṁ sattvānāṁ brāhmaṇarūpeṇa dharmaṁ deśayati|

vajrapāṇivaineyānāṁ sattvānāṁ vajrapāṇirūpeṇa dharmaṁ deśayati|

evamacintyaguṇasamanvāgataḥ kulaputra avalokiteśvaro bodhisattvo mahāsattvaḥ|
tasmāttarhi kulaputra avalokiteśvaraṁ bodhisattvaṁ mahāsattvaṁ pūjayadhvam|
eṣa kulaputra avalokiteśvaro bodhisattvo mahāsattvo bhītānāṁ sattvānāmabhayaṁ dadāti|
anena kāraṇena abhayaṁdada iti saṁjṣāyate iha sahāyāṁ lokadhātau||

아타 칼바크사야마티르보디사뜨보 마하사뜨보 바가반타메타다보차트 카탐 바가반 아바로키테스바로 보디사뜨보 마하사뜨보 아스얌 사하얌 로카다타우 프라비차라티 카탐 사뜨바남 다르맘 데사야티키드르사스차바로키테스바라스야 보디사뜨바스야 마하사뜨바스요파야카우살야비스야흐 에바무크테 바가바나크사야마팀 보디사뜨밤 마하사뜨바메타다보차트 산티 쿨라푸트라 로카다타바흐 예스바바로키테스바로 보디사뜨보 마하사뜨보 부따루페나 사뜨바남 다르맘 데사야티 산티 로카다타바흐 예스바바로키테스바로 보디사뜨보 마하사뜨보보디사뜨바루페나 사뜨바남 다르맘 데사야티 케삼치트 프라트예카부따루페나 아바로키테스바로 보디사뜨보 마하사뜨바흐 사뜨바남 다르맘 데사야티 케삼치쯔흐라바카루페나 아바로키테스바로 보디사뜨보 마하사뜨바흐 사뜨바남 다르맘 데사야티 케삼치드 브라흐마루페나바로키테스바로 보디사뜨보 마하사뜨바흐 사뜨바남 다르맘 데사야티 케삼치짜크라루페나바로키테스바로 보디사뜨보 마하사뜨바흐 다르맘 데사야티 케삼치드 간다르바루페나바로키테스바로 보디사뜨보 마하사뜨바흐 사뜨바남 다르맘 데사야티 케삼치드 간다르바루페나바로키테스바로 보디사뜨보 마하사뜨바흐 사뜨바남 다르맘 데사야티 야크사바이네야남 사뜨바남 야크사루페나 다르맘 데사야티이스바라바이네야남 사뜨바나미스바라루페나 마헤스바라바이네야남 사뜨바남 마헤스바라루페나 다르맘 데사야티 차크라바리티라자바이네야남 사뜨바남 차크라바르티라자루페나 다르맘 데사야티 피사차바이네야남 사뜨바남 피사차루페나 다르맘 데사야티 다르맘 데사야티 바이스라바나바이네야남 사뜨바남 바이스라바나루페남 다르맘 데사야티세나파티바이네야남 사뜨바남 세나파티루페나 다르맘 데사야티 브라흐마나바이네야남 사뜨바남 브라흐마나루페나 다르맘 데사야티 바즈라파이니바이네야남 사쯔바남 바즈라파니루페나 다르맘 데사야티 에밤아친트야구나사만바가타흐 쿨라푸트라 아바로키테스바로 보디사뜨보 마하사뜨바흐 타스마따르히 쿨라푸트라 아바로키테스바람 보디사뜨밤 마하사뜨밤 푸자야드흐밤 에사 쿨라푸트라 아바로키테스바로 보디사뜨보 마하사뜨보 비타남 사뜨바나마바얌 다다티 아네나 카라네나 아바얌다다 이티 삼갸야테 이하 사하얌 로카다타우

아타 칼바크사야마티르보디사뜨보 마하사뜨보-무진의보살이, 바가반

타메타다보차트 카탐-부처님께 사뢰었다, 바가반-세존이여, 아바로키테스바로 보디사뜨보 마하사뜨보 아스얌-관세음보살 마하살이, 사하얀 로카다투 프라비차라티-어떻게 이 사바세계에서 노니시며, 카탐 사뜨바남 다르맘 데사야티-중생들을 위하여 어떻게 말하며, 키드르사스차바로키테스바라스야 보디사뜨바스야-그 방편의 힘은 어떠하나이까? 마하사뜨바스요파야카우살야비스야흐 에바무크테 바가바나크사야마팀 보디사뜨밤 마하사뜨바메타다보차트 산티-부처님께서 무진의 보살에게 말씀하셨다, 쿨라푸트라 로카다타바흐-선남자여, 예스바로키테스바로 보디사뜨보 마하사뜨보-만약에 어떤 세계의 중생이, 부따루페나 사뜨바남 다르맘 데사야티-부처의 몸으로 제도해야 할 이가 있다면, 산티 로카다타바흐-관세음보살이 부처의 몸을 나투어 진리를 설파하고, 예스바바로키테스바로 보디사뜨보 마하사뜨보-벽지불의 몸으로 제도해야할 이가 있으면, 보디사뜨바루페나 사뜨바남 다르맘 데사야티-곧 벽지불(辟支佛) 또는 독각(獨覺)의 몸으로 나투어 진리를 말하며, 케삼치트 프라트예카부따루페나 아바로키테스바로- 곧 성문(聲聞)의 몸으로 제도해야 할 이가 있다면, 보디사뜨보 마하사뜨바흐 사뜨바남 다르맘 데사야티-곧 성문의 몸을 나투어 진리를 말하느니라, 케삼치쯔흐라바카루페나 아바로키테스바로-범천왕(梵天王)의 몸으로 제도해야 할 이가 있으면, 보디사뜨보 마하사뜨바흐 사뜨바남 다르맘 데사야티-곧 범천왕의 몸을 나투어 진리를 말하며, 케삼치드 브라흐마루페나바로키테스바로 보디사뜨보-제석천왕(帝釋天王)의 몸으로 제도해야 할 이가 있으면, 마하사뜨바흐 사뜨바남 다르맘 데사야티-곧 제석천왕의 몸을 나투어 진리를 말하며, 케삼치짜크라루페나바로키테스바로 보디사뜨보-자재천왕(自在天王)의 몸으로 제도해야 할 이가 있으면, 마하사뜨바흐 다르맘 데사야티-곧 자재천왕의 몸을 나투어 진리를 말하며, 케삼치드 간다르바루페나바로키테스바로 보디사뜨보-대자재천왕(大自在天王)의 몸으로 제도해야 할 이가 있으면, 마하사뜨바흐 사뜨바남 다르맘 데사야티-곧 대자재천왕의 몸을 나투어 진리를 말하며, 케삼치드 간다르바루페나바로키테스바로 보디사뜨보-하늘대(天大)장군의 몸으로 제도해야 할 이가 있으면, 마하사뜨바흐 사뜨바남 다르맘 데사야티-곧 하늘 대장군의 몸을 나투어 진리를 말하며, 야크사바이네야남 사뜨바남 야크사루페나-비사문(毘沙門)의 몸으로 제도해야 할 이가 있으면, 다르맘 데사야티-곧 비사문의 몸을 나투어 진리를 말하며, 이스바라바이네야남 사뜨바나미스바라루페나 마헤스바라바이네야남-하늘나라의 왕, 소왕(小王)의 몸으로 제도해야 할 이가 있으면, 사뜨바남 마헤스바라루페나 다르맘 데사야티-곧 하늘나라의 왕, 소왕(小王)의 몸으로 나투어 진리를 말하며, 차크라바리티라자바이네야남 사뜨바남-전륜성왕(轉輪聖王), 장자(長者)의 몸으로 제도해야 할 이가 있으면, 차크라바르티라자루페나 다르맘 데사야티-곧 전륜성왕의 몸으로 나투어 진리를 말하며, 피사차바이네야남 사뜨바남 피사차루페나-거사의 몸으로 제도해야 될 사람이 있으면, 다르맘 데사야티-곧 거사의 몸으로 나투어 진리를 말하며, 바이스라바나바이네야남 사뜨바남 바이스라바나루페남-재상의 몸으로 제도해야 할 이가 있으면, 다르맘 데사야티- 재상의 몸으로 나투어 진리를 말하며, 세나파티바이네야남 사뜨바남-장군의 몸으로 제도해야 할 이가 있으면, 세나파티루페나 다르맘 데사야티-곧 장군의 몸으로 나투어 진리를 말하며, 브라흐마나바이네야남 사뜨바남-바라문(婆羅門)의 몸으로 제도해야 할 이가 있으면, 브라흐마나루페나 다르맘 데사야티-곧 바라문의 몸을 나투어 진리를 말하며, 바즈라파이니바이네야남 사쯔바남-집금강신(執金剛神)의 몸으로 제도 해야할 이가 있으면, 바즈라파니루페나 다르맘 데사야티-곧 집금강신의 몸을 나투어 진리를 말하느니라, 에밤-그러므로, 아친트야-생각할 수 없는, 구나-특성, 사만바가타흐-자아내는, 쿨라푸트라-선남자, 아바로키테스바로 보디사뜨보 마하사뜨바흐-관세음보살 마하살이, 타스마따르히-왜냐하면, 쿨라푸트라-선남자, 아바로키테스바로 보디사뜨보 마하사뜨바-관세음보살 마하살이, 푸자야드흐밤-예배하다, 에사-이것은, 쿨라푸트라-선남자, 아바로키테스바로 보디사뜨보 마하사뜨바-관세음보살 마하살이, 다다티-주다, 아네나 카라네나 아바얌다다-몸으로 제도 해야할 이가 있으면, 이티 삼갸야테 이하 사하얀 로카다타우-곧 다 그들의 몸을 나투어 진리를 설하며

무진의보살이 부처님께 사뢰었다.

"세존이시여 관세음보살은 어떻게 이 사바세계에 노니시며 중생을 위하여 어떻게 진리를 말하며 그 방편의 힘은 어떠하나이까?"

부처님께서 무진의보살에게 말씀하셨다.

"선남자여 만약 어떤 세계의 중생이 부처님의 몸으로 제도해야 될 이가 있으면 관세음보살이 곧 부처님의 몸을 나투어 진리를 말하고,

벽지불의 몸으로 제도해야 될 이가 있으면, 관세음보살이 곧 벽지불의 몸을 나투어 진리를 말하며

성문의 몸으로 제도해야 될 이가 있으면, 곧 성문의 몸을 나투어 진리를 말하느니라.

범천왕의 몸으로 제도해야 될 이가 있으면 곧 범천왕의 몸을 나투어 진리를 말하고

제석천왕의 몸으로 제도해야 될 이가 있으면 곧 제석천왕의 몸을 나투어 진리를 말하며,

자재천왕의 몸으로 제도해야 될 이가 있으면 곧 자재천왕의 몸을 나투어 진리를 말하고

대자재천왕의 몸으로 제도해야 될 이가 있으면 곧 대자재천왕의 몸을 나투어 진리를 말하며,

하늘대장군의 몸으로 제도해야 될 이가 있으면 곧 하늘대장군의 몸을 나투어 진리를 말하고

비사문의 몸으로 제도해야 될 이가 있으면 곧 비사문의 몸을 나투어 진리를 말하느니라.

소왕의 몸으로 제도해야 될 이가 있으면 곧 소왕의 몸을 나투어 진리를 말하고

장자의 몸으로 제도해야 될 이가 있으면 곧 장자의 몸을 나투어 진리를 말하며,
거사의 몸으로 제도해야 될 이가 있으면 곧 거사의 몸을 나투어 진리를 말하고
재상의 몸으로 제도해야 될 이가 있으면 곧 재상의 몸을 나투어 진리를 말하며,
바라문의 몸으로 제도해야 될 이가 있으면 곧 바라문의 몸을 나투어 진리를 말하느니라.
비구·비구니·우바새·우바이의 몸으로 제도해야 될 이가 있으면 곧 비구·비구니·우바새·우바이의 몸을 나투어 진리를 말하고
장자·거사·재상·바라문 부인의 몸으로 제도해야 될 이가 있으면 곧 장자·거사·재상·바라문 부인의 몸을 나투어 진리를 말하며,
동남 동녀의 몸으로 제도해야 될 이가 있으면 곧 동남 동녀의 몸을 나투어 진리를 말하느니라.
하늘·용·야차·건달바·아수라·가루라·긴나라·마후라가 등 사람과 사람 아닌 이들(人非人)의 몸으로 제도해야 될 이가 있으면 하늘·용·야차·건달바·아수라·가루라·긴나라·마후라가 등 사람과 사람 아닌 이들의 몸을 나투어 진리를 말하고
집금강신(執金剛神)의 몸으로 제도해야 될 이가 있으면 집금강신의 몸을 나투어 진리를 말하느니라.

無盡意菩薩 白佛言 世尊 觀世音菩薩 云何遊此 娑婆世界

云何而爲 衆生說法 方便之力 其事云何

佛告 無盡意菩薩 善男子 若有國土衆生 應以佛身

得度者 觀世音菩薩 卽現佛身 而爲說法

應以辟支佛身 得度者 卽現辟支佛身 而爲說法

應以聲聞身 得度者 卽現聲聞身 而爲說法

應以梵王身 得度者 卽現梵王身 而爲說法

應以帝釋身 得度者 卽現帝釋身 而爲說法

應以自在天身 得度者 卽現自在天身 而爲說法

應以大自在天身 得度者 卽現大自在天身 而爲說法

應以天大將軍身 得度者 卽現天大將軍身 而爲說法

應以毘沙門身 得度者 卽現毘沙門身 而爲說法

應以小王身 得度者 卽現小王身 而爲說法

應以長者身 得度者 卽現長者身 而爲說法

應以居士身 得度者 卽現居士身 而爲說法

應以宰官身 得度者 卽現宰官身 而爲說法

應以婆羅門身 得度者 卽現婆羅門身 而爲說法

應以比丘比丘尼 優婆塞 優婆夷身 得度者

卽現比丘比丘尼 優婆塞 優婆夷身 而爲說法

應以長者 居士 宰官 婆羅門婦女身 得度者 卽現婦女身 而爲說法

應以童男童女身 得度者 卽現童男童女身 而爲說法

應以天龍夜叉 乾闥婆 阿修羅 迦樓羅 緊那羅 摩睺羅迦

人非人等身 得度者 卽皆現之 而爲說法

應以執金剛神 得度者 卽現執金剛神 而爲說法

무진의보살 백불언 세존 관세음보살 운하유차 사바세계

운하이위 중생설법 방편지력 기사운하

불고 무진의보살 선남자 약유국토중생 응이불신

득도자 관세음보살 즉현불신 이위설법

응이벽지불신 득도자 즉현벽지불신 이위설법

응이성문신 득도자 즉현성문신 이위설법

응이범왕신 득도자 즉현범왕신 이위설법

응이제석신 득도자 즉현제석신 이위설법

응이자재천신 득도자 즉현자재천신 이위설법

응이대자재천신 득도자 즉현대자재천신 이위설법

응이천대장군신 득도자 즉현천대장군신 이위설법

응이비사문신 득도자 즉현비사문신 이위설법

응이소왕신 득도자 즉현소왕신 이위설법

응이장자신 득도자 즉현장자신 이위설법

응이거사신 득도자 즉현거사신 이위설법

응이재관신 득도자 즉현재관신 이위설법

응이바라문신 득도자 즉현바라문신 이위설법

응이비구비구니 우바새 우바이신 득도자

즉현비구비구니 우바새 우바이신 이위설법

응이장자 거사 재관 바라문부녀신 득도자 즉현부녀신 이위설법

응이동남동녀신 득도자 즉현동남동녀신 이위설법

응이천룡야차 건달바 아수라 가루라 긴나라 마후라가

인비인등신 득도자 즉개현지 이위설법

응이집금강신 득도자 즉현집금강신 이위설법

해석

관음신앙의 대상인 관음보살은 관세음보살보문품에서 어떠한 이유도 없이 중생들을 고통으로부터 구하는 보문시현(普門示現) 즉, 중생들의 근기에 따라 몸을 바꾸어 나타나는 응신(應身)으로 표현된다. 표출된 응신의 수는 경전에 의해 32신과 33신으로 표현하였다. 중국과 일본은 법화경의 관세음보살보문품에서 관음보살이 33신으로 설명되지만 우리나라의 관세음보살보문품에서는 관음보살이 32신으로 표현하였다. 그것은 조선시대에 간행된 관세음보살보문품 때문이다. 조선시대 간행된 묘법연화경의 관세음보살보문품에는 관음보살이 중생의 근기에 따라 몸을 바꾸어 나타난다고 하는 응신의 장면이 설명되어 있다. 그 내용을 살펴보면 관세음보살은 19가지로 응신하고 32가지로 또는 33가지로 화현한다고 한다.

첫째는 19가지는 1.불(佛), 2.벽지불(辟支佛), 3.성문(聲聞), 4.범왕(梵王), 5.제석(帝釋), 6.자재천(自在天), 7.대자재천(大自在天), 8.천대장군(天大將

軍), 9.바사문(毘沙門), 10.소왕(少王), 11.장자(長者), 12.거사(居士), 13.재관(宰官), 14바라문(婆羅門), 15.사중(四衆)인 비구·비구니·우바새·우바이, 16.사부녀(四婦女)인 장자·거사·재관·바라문의 부녀, 17.동남동녀(童男童女), 18.천룡팔부(天龍八部)인 천(天)·용(龍)·야차(夜叉)·건달바(乾達 婆)·아수라(阿修羅)·가루라(迦樓羅)·긴나라(緊那羅)·마후라가(摩睺羅伽), 19.집금강(執金剛)이다.

둘째는 불신(佛身), 벽지불신(辟支佛身), 성문신(聲聞身), 범왕신(梵王身), 제석신(帝釋身), 자재천신(自在天身), 대자재천신(大自在天身), 천대장군신(天大將軍身), 비사문신(毗沙門身), 소왕신(小王身), 장자신(長者身), 거사신(居士身), 재관신(宰官身), 바라문신(婆羅門身), 비구신(比丘身), 비구니신(比丘尼身), 우바새신(優婆塞身), 우바이신(優婆夷身), 장자부녀신(長者婦女身), 거사부녀신(居士婦女身), 재관부녀신(宰官婦女身), 바라문부녀신(婆羅門婦女身), 동남동녀신(童男童女身), 천신(天身), 용신(龍身), 야차신(夜叉身), 건달바신(乾闥婆身), 아수라신(阿修羅身), 가루라신(迦樓羅身), 긴나라신(緊那羅身), 마후라가신(摩睺羅伽身), 집금강신(執金剛神)의 32가지 몸으로 몸을 바꾸어 나타난다고 한다. 33응신에는 인비인(人非人)은 없으나 긴나라(Ginnara)를 인비인으로 해석하기도 한다.

셋째는 불(佛), 벽지불(辟支佛), 성문(聲聞), 대범왕(大梵王), 제석(帝釋), 자재천(自在天), 대자재천(大自在天), 천대장군(天大將軍), 비사문(毘沙門), 소왕(小王), 장자(長者), 거사(居士), 재관(宰官), 바라문(婆羅門), 비구(比丘), 비구니(比丘尼), 우바새(優婆塞), 우바이(優婆夷), 인(人), 비인(非人), 부녀(婦女),

동목천녀(童目天女), 동남(童男), 동녀(童女), 천(天), 용(龍), 야차(夜叉), 건달바(乾達婆), 아수라(阿修羅), 가루라(迦樓羅), 긴나라(緊那羅), 마후라가(摩睺羅伽), 집금강(執金剛).

넷째는 1. 불신(佛身) : 산스크리트어로 붓다(Buddha)이며 관음은 사실 보살(菩薩)인데 그 본체는 이미 깨달음을 이룬 법신불(法身佛)이다. 중생의 구제를 위해 붓다의 몸으로 이 사바세계에 그 모습을 나투었다. 보살이면서 붓다인 것이 바로 관음보살이다. 관음삼매경(觀音三昧經)에 관음보살이 나보다 먼저 붓다가 되어서 정법명왕여래(正法明王如來)였으며 석가모니부처님은 그의 제자라고 기록하였다.

2. 벽지불신(辟支佛身): 산스크리트어로 프라트예카부따(pratyekabuddh)-벽지불이란 홀로 깨달음을 얻은 이를 말하며, 연기(緣起)의 법칙을 깨달은 연각(緣覺), 스스로 깨달아서 독각(獨覺)이라 한다.

3. 성문신(聲聞身): 산스크리트어로 스라바카(Sravaka)이며 부처님 가르침인 사성제(四聖諦)를 듣고 깨달은 성자이다.

4. 범왕신(梵王身): 산스크리트어로 브라흐마(Brahma)이며 힌두교의 주요 3신(神) 중에 창조를 담당하는 신(神)이다.

5. 제석신(帝釋身): 산스크리트어로 인드라(Indra)이며 비와 천둥과 번개를 관장하는 리그 베다(Rig Veda)의 신이며 악마를 물리친다.

6. 자재천신(自在天身): 산스크리트어로 이스바라(Isvara)이며 힌두교의 주요 3신(神) 중에 유지의 신인 비슈누(Vishnu)를 불교화한 신이다.

7. 대자재천신(大自在天身): 산스크리트어로 마헤쉬바라(Mahesvara)이며

힌두교의 주요 3신(神) 중에 파괴의 신인 시바(Siva)를 불교화한 신이다.

8. 천대장군신(天大將軍身): 사바세계(娑婆世界)를 진리로 통치하는 전륜성왕(轉輪聖王)은 산스크리트어로 차크라바르티 라자(Cakravarti Raja)와 천왕(天王)인 피사차(Pisaca)가 합쳐진 모습이다.

9. 비사문천신(毘沙門天身): 산스크리트어로 바이스라바나(Vaisravana)이며 재보(財寶)를 관장하는 힌두교의 쿠베라(Kuvera) 신을 불교화한 사천왕(四天王)중의 하나이며 야차(夜叉), 나찰(羅刹)의 무리를 이끌고 북방을 수호하는 신.

10. 소왕신(小王身): 산스크리트어로 이스바라이네야(Iśvaravaineyā)이며 소왕을 일컫는다.

11. 장자신(長者身): 산스크리트어로 차크라바르티라자(Cakravartirāja)이며 전륜성왕(轉輪聖王), 장자(長者), 대부호로 해석한다.

12. 거사신(居士身): 산스크리트어로 피사차바이네야(Piśācavaineya)이며 일상생활을 영위하는 재가수행자를 말한다.

13. 재관신(宰官身): 산스크리트어로 세나파티바이네야(Senāpativaineyā)이며 관료 계층을 말한다.

14. 바라문신(婆羅門身): 산스크리트어로 브라흐마나바이네(Brāhmaṇavaine) 이며 고대 인도의 사제 또는 성직자이다. 10번째 소왕신으로부터 14번째 바라문신은 고대 인도의 대표적인 신분으로 오인신(五人身)이라 부른다.

15. 비구신(比丘身): 산스크리트어로 비크수(Bhiksu)이며 출가한 남자 승려.

16. 비구니신(比丘尼身): 산스크리트어로 비크수니(Bhikṣunī)이며 출가한 여자 승려.

17 우바새신(優婆塞身): 산스크리트어로 우파사카(Upasaka))이며 남성 재가불자.

18 우바이신(優婆夷身): 산스크리트어로 우파시카(Upasika)이며 여성 재가불자.

19 장자부녀신(長者婦女身): 대부호의 아내.

20. 거사부녀신(居士婦女身): 지식인의 아내.

21. 재관부녀신(宰官婦女身): 관료의 아내.

22. 바라문부녀신(婆羅門婦女身): 사제의 아내.

23. 동남신(童男身): 사내 아이.

24. 동녀신(童女身): 여자 아이.

25. 천신(天身): 인도의 여러 신(神), 산스크리트어로 데바(Deva)를 말한다.

26. 용신(龍身): 산스크리트어로 나가(Nāga)이며 용의 모습을 하고 있다.

27. 야차신(夜叉身): 산스크리트어로 야크사(Yakṣa)이며 귀신을 말함.

28. 건달바신(乾達婆身): 간다르바(Gandharvā)이며 음악의 신.

29. 아수라신(阿修羅身): 산스크리트어로 아수라(Asura)이며 호전적인 악신이다.

30. 가루라신(迦樓羅身): 산스크리트어로 가루다(Garūḍa)이며 금시조(金翅鳥)라고도 하며 날짐승의 왕이다.

31. 긴나라신(緊那羅身): 산스크리트어로 킨나라(Kinnara)이며 반은 사람

이고 반은 말의 형상을 한 신이다. 인비인(人非人), 산스크리트어로 마누스 나마누(Manuṣ ṇāmanu)로도 번역된다.

32. 마후라가신(摩睺羅伽身): 산스크리트어로 킨나라(Mahoraga)이며 사찰을 수호하는 커다란 뱀을 신격화한 모습이다. 이상 25번째 천신(天身)으로부터 마후라가신까지를 팔부중(八部衆)이라 하며 관음 33신에서는 팔부신(八部身)이라 부른다.

33. 집금강신(執金剛身): 산스크리트어로 바즈라파니(Vajrapani)이며 금강역사(金剛力士)라고도 한다. 손에 금강저를 잡고 부처님 주위에 서서 불법을 파괴하는 자를 무찌른다.

अथ खल्वक्षयमतिर्बोधिसत्तवो महासत्त्वो

भगवन्तमेतदवोचत् दास्यामो वयं भगवन्

अवलेकितेश्वराय बेधिसत्तवाय महासत्त्वाय

धर्मप्राभृतं धर्माच्छादम्।

भगानाहयस्येदानी कुलपुत्र कालं मन्यसे।

अथ खल्वक्षयमतिर्बोधिसत्तवो महासत्त्वः स्वकण्ठादभ

वर्ताय शतसहस्रमूल्यं माहारमवलोकितेश्वराय बेधिसत्तवाय

महासत्त्वाय धर्मच्छादमनुप्रयच्छति स्म प्रतीच्छ सत्यपुरुष

इमं धर्माच्छादं ममान्तिकात्।

स न प्रीच्छति स्म।

अथ खल्वक्षयमतिर्बोधिसत्तवो महासत्त्वोऽवलेकितेश्वरं

बेधिसत्तवं महासत्त्वमेतदवोचत् प्रतिगृहाण त्वं कुलपुत्र इमं

मुाहरमस्माकमानुकम्पामुपादाय।

अथ खल्ववलोकितेश्वरो बेधिसत्त्वो महासत्त्वोऽक्षयमतिभ

बोंधिसत्तवस्य महासत्त्वस्यान्तिकात् तं मुाहरं प्रतिगृह्णाति

स्म अक्षयमतेर्बोधिसत्त्वस्य महसत्त्वस्यानुकम्पामुपादाय

तासां च चतसृणां पषां च देवनागयक्षगन्धर्वौसुरगरूडकि

न्नरमहोरगमनुष्याणामनुकम्पामुपादाय।

प्रीतगृह्य च द्वौ प्रत्यंशौ कृतवात्।

कृत चैकं प्रत्यंशं भगवते शाक्यमुनये ददाति स्म द्विभ
तीयं प्रत्यंशं भगवतः प्रभूतरत्नस्य तथागतस्यार्हतः
सम्यक्संबुद्धस्य रत्नस्तूपे समुपनामयायास ।
इदृश्या कुलपुत्र विकुर्वया अवलोकितेश्वरो बोधिसत्त्वो
महासत्त्वोऽस्यां सहायां लोकधातावनुविचरति ॥

atha khalvakṣayamatirbodhisattvo mahāsattvo
bhagavantametadavocat dāsyāmo vayaṁ bhagavan
avalokiteśvarāya bodhisattvāya mahāsattvāya
dharmaprābhṛtaṁ dharmācchādam|
bhagavānāhayasyedānīṁ kulaputra kālaṁ manyase|
atha khalvakṣayamatirbodhasattvo mahāsattvaḥ
svakaṇṭhādavartāya śatasahasramūlyaṁ
muktāhāramavalokiteśvarāya bodhisattvāya mahāsattvāya
dharmācchādamanuprayacchati sma pratīccha satpuruṣa
imaṁ dharmācchādaṁ mamāntikāt|
sa na pratīcchati sma|
atha khalvakṣayamatirbodhisattvo mahāsattvo'valokiteśvaraṁ
bodhisattvaṁ mahāsattvametadavocat-pratigṛhāṇa tvaṁ
kulaputra imaṁ muktāhāramasmākamanukampāmupādāya|

atha khalvavalokiteśvaro bodhisattvo mahāsattvo'k

ṣayamaterbodhisattvasya mahāsattvasyāntikāt taṁ

muktāhāraṁ pratigṛhṇāti sma akṣayamaterbodhisattvasya

mahasattvasyānukampāmupādāya, tāsāṁ ca

catasṛṇāṁ parṣadāṁ teṣāṁ ca deva nāga yakṣa

gandharvā asura garūḍa kinnara mahoraga manuṣ

yāmanuṣyāṇāmanukampāmupādāya|

pratigṛhya ca dvau pratyaṁśau kṛtavān|

kṛtvā caikaṁ pratyaṁśaṁ bhagavate śākyamunaye dadāti

sma, dvitīyaṁ pratyaṁśaṁ bhagavataḥ prabhūtaratnasya

tathāgatasyārhataḥ samyaksaṁbuddhasya ratnastūpe

samupanāmayāyāsa|

īdṛśyā kulaputra vikurvayā avalokiteśvaro bodhisattvo

mahāsattvo'syāṁ sahāyāṁ lokadhātāvanuvicarati||

아타 칼바크사야마트리르보디사뜨보 마하사뜨보 바가반타메타다보

차트 다스야모 바얍 바가반 아바로키테스바라야 보디사뜨바야 마하

사뜨바야 다르마프라브르탑 다르마짜담 바가바나하야스에다님 쿨라

푸트라 카람 만야세 아타 칼바크사야마이트리보다사뜨보 마하사뜨바

흐 스바칸타다바르타야 사타사하스라무르얍 무크타하라마바로키테

스바라야 보디사뜨바야 마하사뜨바야 다르마짜다마누프라야짜티 스

마 프라티짜 사트푸루사 이맘 다르마아짜담 마만티카트 사 나 프라티짜티 스마 아타 칼바크사야마티르보디사뜨보 마하사뜨보 아바로키테스바람 보디사뜨밤 마하사뜨바메타다보차트 프라티그르하나 트밤 쿨라푸트라 이맘 무크라하라마스마카마누캄파무파다야 아타 칼바바로키테스바로 보디사뜨보 마하사뜨보 아크사야마테르보디사뜨버스야 마하사뜨바스얀티카트 탐 무크타하람 프라티그르흐나티 스마 아크사야마테르보디사뜨바스야 마하사뜨바스야누캄파무파다야 타삼차 차타스르남 파르사담 테삼 차 데바나가야크사간다르바수라가루다킨나가마호라가마누스야마누스야나마누 캄파무파다야 프라티그르흐야 차 드바우 프라트얌사우 크르타반 크르트바 차이캄 프라트얌삼 바가바타흐 사캬무나예 다다티 스마 드비티얌 바가바타흐 프라부타라트나스야 타타가타스야르하타흐 삼야크삼부따스야 라트나스투페 사무파나마야야사 이드르스야 쿨라푸트라 비쿠르바야 아바로키테스바로 보디사뜨보 마하사뜨보 아스얌 사하얌 로카다타바누비차라티

아타 칼바크사야마트리르보디사뜨보 마하사뜨보-무진의보살이, 바가반타메타다보차트-부처님께 아뢰었다, 다스야모 바얌-우리, 바가반-세존, 아바로키테스바라야 보디사뜨바야 마하사뜨바야-관세음보살 마하살, 다르마-법, 프라브르탐-공양, 다르마-법, 아짜담-의복, 바가바나하-세존이시여, 야스예다님-현재, 쿨라푸트라-선남자, 카람-시간, 만야세-존경하는, 아타 칼바크사야마이트리보다사뜨보 마하사뜨바흐-무

진의보살이, 스바칸타-같은 소리로, 다바르타야-건어내다, 사타사하스라무르얌-백천의 값어치, 값으로 따질 수 없는, 무크타하라마-목걸이, 아바로키테스바라야 보디사뜨바야 마하사뜨바야-관세음보살 마하살, 다르마짜다마-법보시, 아누프라야짜티-주다, 스마-있었다, 프라티짜-주는 것, 사트푸루사-참된 사람, 이맘-이것, 다르마아짜담-법보시가 아닌, 마만티카트-마음으로부터, 사-관세음보살, 그, 나 프라티짜티스마-받으려 하지 않았다, 아타 칼바크사야마티르보디사뜨보 마하사뜨보 아바로키테스바람 보디사뜨밤 마하사뜨바메타다보차트-무진의보살이, 프라티그르-하나 받아 주세요, 트밤-그것, 쿨라푸트라-선남자, 이맘-이것, 무크라 하라마-목걸이, 아스마캄-우리들을, 아누캄팜-불쌍하게, 우파다야-여기다, 아타 칼바바로키테스바로 보디사뜨보 마하사뜨보 아크사야마테르보디사뜨바스야 마하사뜨바스얀티카트-관세음보살은 무진의보살로부터, 탐-그, 무크타하람-목걸이를, 프라티그르흐나티-받았다, 스마-실로, 깊이, 아크사야마테르보디사뜨바스야 마하사뜨바스-무진의보살, 야누캄파무파다야-불쌍히 여기다, 타삼 차 차타스르남 파르사담 테삼 차-4부대중(四部大衆), 비구(比丘-남자 스님), 비구니(比丘尼-여자 스님), 우바새(優婆塞-거사), 우바이(優婆夷-보살), 8부(八部), 데바-천신, 천(天), 나가-용(龍), 야크사-야차(夜叉), 간다르바-건달바, 건달파(乾達婆), 아수라- 아수라(阿修羅), 가루다-금시조(金翅鳥), 가루라(迦樓羅), 킨나가-긴나라(緊那羅), 마후라가-마호라가(摩呼羅迦), 마누스-인간, 아마누스-비인간, 야나마누 캄파무파다야 프라티그르흐야 차 드바우 프라트얌사우 크르타반-받고 난뒤 둘로 만들었다, 크르트바 차이캄 프라트얌삼 바가바타흐 사캬무나예 다다티 스마-한쪽은 석가모니부처님께 공양하고, 드비티얌 프라부타라트나스야 바가바타흐-두 몫으로 나누어, 프라부타라트나스야 타타가타스야르하타흐 삼야크삼부따스야-한 몫은 다보여래 부처님의, 라트나스투페 사무파나마야야사-탑의 최상의 공경심으로 공양하였다, 이드르스야 쿨라푸트라 비쿠르바야-이와 같이 신통변화를 보이면서, 아바로키테스바로 보디사뜨보 마하사뜨보 아스얌-관세음보살마하살은, 사하얌 로카다타바누비차라티-모든 세계를 두루 다니니라

무진의(無盡意)여, 관세음보살은 이와 같은 공덕을 성취하여 여러 가지의 형상으로 온 세계에 다니면서 중생을 제도하여 해탈하게 하느니라.
그러므로 그대들은 마땅히 한마음으로 관세음보살께 공양할지니라.
이것이 관세음보살마하살이 두려움과 환란 속에서도 두려움을 없애는 것이니라.
그러므로 이 사바세계에서 모두 다 부르기를 '두려움 없음을 베푸시는 이' 즉 시무외자(施無畏者)라고 하느니라.
무진의보살이 부처님께 사뢰었다.
"세존이시여, 제가 이제 관세음보살께 공양하겠나이다."
그리고 온갖 보배구슬과 영락으로 된 백천 냥의 금값에 해당하는 목걸이를 바치고 이렇게 말씀드렸다.

“어지신 이여, 여러 진주 보배와 영락의 법시를 받으소서.”

이때에 관세음보살마하살이 이것을 받지 않으려 하였다.

무진의보살이 다시 관세음보살께 사뢰어 말씀드렸다.

“어지신 이여, 저희들을 불쌍히 여겨 이 영락을 받으소서.”

그 때에 부처님께서 관세음보살에게 말씀하셨다.

“마땅히 이 무진의보살과 사부대중과 하늘, 용, 야차, 건달바, 아수라, 가루라, 긴나라, 마후라가 등과 사람과 사람 아닌 이들을 불쌍히 여겨 영락을 받으라.”

그때 관세음보살이 사부대중과 하늘, 용, 사람, 사람 아닌 이들을 불쌍히 여겨서 그 영락을 받아 두 몫으로 나누어 한 몫은 석가모니부처님께 공양하고 한 몫은 다보불탑에 공양하였다.

무진의여, 관세음보살은 이와 같이 자재한 신통력으로 사바세계에 다니느니라.

無盡意 是觀世音菩薩 成就如是功德 以種種形 遊諸國土 度脫衆生

是故 汝等 應當一心 供養觀世音菩薩

是觀世音菩薩摩訶薩 於怖畏急難之中 能施無畏

是故 此娑婆世界 皆號之爲 施無畏者

無盡意菩薩 白佛言 世尊 我今當供養 觀世音菩薩

卽解頸 衆寶珠瓔珞 價値百千兩金 而以與之 作是言

仁者 受此法施 珍寶瓔珞 時 觀世音菩薩 不肯受之

無盡意 復白 觀世音菩薩言

仁者 愍我等故 受此瓔珞 爾時 佛告 觀世音菩薩

當愍此 無盡意菩薩 及四衆 天龍 夜叉 乾闥婆 阿修羅 迦樓羅

緊那羅 摩睺羅伽 人非人等故 受是瓔珞

卽時 觀世音菩薩 愍諸四衆 及於天龍 人非人等 受其瓔珞 分作二分

一分 奉釋迦牟尼佛 一分 奉多寶佛塔

無盡意 觀世音菩薩 有如是自在神力 遊於娑婆世界

무진의 시관세음보살 성취여시공덕 이종종형 유제국토 도탈중생

시고 여등 응당일심 공양관세음보살

시관세음보살마하살 어포외급난지중 능시무외

시고 차사바세계 개호지위 시무외자

무진의보살 백불언 세존 아금당공양 관세음보살

즉해경 중보주영락 가치백천냥금 이이여지 작시언

인자 수차법시 진보영락 시 관세음보살 불긍수지

무진의 부백 관세음보살언

인자 민아등고 수차영락 이시 불고 관세음보살

당민차 무진의보살 급사중 천룡 야차 건달바 아수라 가루라

긴나라 마후라가 인비인등고 수시영락

즉시 관세음보살 민제사중 급어천룡 인비인등 수기영락 분작이분

일분 봉석가모니불 일분 봉다보불탑

무진의 관세음보살 유여시자재신력 유어사바세계

해석

이 절에서 "이것이 관세음보살마하살이 두려움과 환란 속에서도 두려움을 없애는 것이니라. 그러므로 이 사바세계에서는 모두 다 부르기를 '두려움 없음을 베푸는 이' 즉 시무외자(施無畏者)라고 하느니라." 하였다. 산스크리트 원문에는 바가바나하야스예다님 쿨라푸트라 카람 만야세 (Bhagavānāhayasyedānīṁ kulaputra kālaṁ manyase)이며 한문 번역과는 차이가 있고 더 첨가되었을 것이다. 이 절에서 산스크리트 단어인 칼라(kāl)는 시간도 나타내며 또한 두려움이나 공포를 나타내는 것이라 생각된다.

이 절에서 말하기를 그 때에 부처님께서 관세음보살에게 말씀하셨다. "마땅히 이 무진의보살과 사부대중과 하늘, 용, 야차, 건달바, 아수라, 가루라, 긴나라, 마후라가 등과 사람과 사람 아닌 이들을 불쌍히 여겨 영락(瓔珞)을 받으라." 영락(瓔珞)을 받았다는 것은 산스크리트어로 무크타하라(Muktāhāra)이며 구슬을 꿰어 몸에 달아 장엄하는 기구이며 인도의 귀한 사람들은 남녀가 모두 영락으로 장식한다. 후대에 불상이나 불상을 장엄할 때에 영향을 주었다.

그 때에 부처님께서 관세음보살에게 말씀하셨다. "마땅히 이 무진의보살과 사부대중과 하늘, 용, 야차, 건달바, 아수라, 가루라, 긴나라, 마후라가 등과 사람과 사람 아닌 이들을 불쌍히 여겨 영락을 받으라." 하였다. 그때 그 영락을 받아 두 몫으로 나누어 한 몫은 석가모니부처님께 공양하고 한 몫은 다보불탑에 공양하였다. 이것은 법화삼매(法華三

昧)이며 그 공덕을 부처님께 바치며 그것을 받으시면 법화삼매를 얻는 것이다. 무진의보살과 팔만사천(八萬四千)의 중생은 삼먁삼보리의 마음을 일으켰다.

अथ खलु भगवांस्तस्यां वेलायामिमा गाथा अभाषत

चित्रध्वज अक्षयोमती
एतमर्थं परिपृच्छि कारणात् ॥
केना जिनपुत्र हेतुना
उच्यते हि अवलोकितेश्वरः ॥१ ॥

atha khalu bhagavāṁstasyāṁ velāyāmimā gāthā abhāṣata

citradhvaja akṣayomatī

etamarthaṁ paripṛcchi kāraṇāt||

kenā jinaputra hetunā

ucyate hi avalokiteśvaraḥ||1||

아타 칼루 바가밤스타스얌 벨라야미마 가타 아바사타

치트라드바자 아크사요마티

에타마르탐 파리프리치 카라나트

케나 지나푸트라 헤투나

우츠야테 히 아바로키테스바라흐

아타칼루-그리고 또, 바가밤-세존, 아스얌-이렇게, 벨라야-시간, 이마-

이러한, 가타-노래, 게송, 아바사타-말씀하셨다, 치트라-여러 색깔의, 묘한, 드바자-형태, 상(相), 아크사요마티-한계 없는, 무진(無盡)의, 에타 마르탐-이러한 의미에, 파리프리치-물어보다, 카라나트-이유에 대하여, 케나-이유, 지나푸트라-승리한 사람의 아들, 헤투나-불리워지는, 우츠야테-대답하다, 히-참으로, 아바로키테스바라흐-관세음보살이

그때 무진의보살이 게송으로 여쭈어 물었다.

묘상 구족하신 세존이시여
제가 이제 거듭 묻사옵니다.
불자께서 어떤 인연으로
관세음이라 이름하나이까?

爾時 無盡意菩薩 以偈問曰.
이시 무진의보살 이게문왈

世尊妙相具 我今重問彼
佛子何因緣 名爲觀世音
세존묘상구 아금중문피
불자하인연 명위관세음

अथ स दिशता विलोकिया
प्रणिधीसागरु अक्षयोमति।
चित्रध्वजोऽध्यभाषत
श्रृणु चर्यामवलोकितेश्वरे ॥२॥

atha sa diśatā vilokiyā

praṇidhīsāgaru akṣayomati|

citradhvajo'dhyabhāṣata

śṛṇu caryāmavalokiteśvare||2||

아타 사디사타 비로키야

프라니디사가루 아크사요마티

치트라드바조 아드야바사타

스르누 차르야마발로키테스바레

아타 사-그 관세음보살, 디사타-모든 방향의, 비로키야-살펴보다, 프라니디-원력의, 사가루-바다, 아크사요마티-한계 없는, 무진(無盡)의, 치트라-여러 색깔의, 묘한, 드바자-깃발, 아드야바사타-부처님께서 설하셨다, 스르누-들어라, 차르야-행하다, 아바로키데스와라-관세음보살의

묘한상을 구족하신 세존께서

무진의보살에게 게송으로 대답하시었다.

너는 관음행을 들으라.

관세음보살은 어느 곳에서든지 두루 응하고

具足妙相尊 偈答無盡意

汝聽觀音行 善應諸方所

구족묘상존 게답무진의

여청관음행 선응제방소

कल्पशत तेककोटयचिन्तीता
बहुबुद्धान सह स्त्रकोटिभिः ।
प्रणिधान यथा विशोधितं
स्तथ श्रृण्वाहि मम प्रदेशतः ॥३॥

kalpaśata nekakoṭyacintiyā
bahubuddhāna sahasrakoṭibhiḥ|
praṇidhāna yathā viśodhitaṁ
statha śṛṇvāhi mama pradeśataḥ||3||

칼파사타 네카코트야친티야
바후부따나 사하스라코티비흐
프라니다나 야타 비소티탐
스타타 스르느바히 마마 프라데사타흐

칼파사타-백겁(百劫), 나 에카-한 번이 아닌, 코티-한계 없는, 아친티야-생각할 수 없는, 바후부따나-많은 부처님들, 사하스라코티비흐-수천만 억의, 프라니다나-섬기다, 숭배하다, 야타-이래로, 비소티탐-청정한 수행, 스타타-확실하게, 원(願), 스르느바히-듣다, 마마-나의, 프라데사타흐-간략하게 말하다

그 원력은 바다와 같이 깊으니라.

많은 겁(劫) 오랫동안 지내오면서

천만억 부처님을 믿고 섬기며

거룩한 청정한 원(願)을 세웠느니라.

弘誓深如海 歷劫不思議

侍多千億佛 發大淸淨願

홍서심여해 역겁부사의

시다천억불 발대청정원

क्षवणा अथ दर्शनोऽपि च
अनुपूर्वं च तथा अनुस्मृतिं ।
भवतीह अमोध प्राणिणां
सर्वदुःखभवशोकनाशकः ॥४ ॥

śravaṇo atha darśano'pi ca

anupūrvaṁ ca tathā anusmṛtiḥ|

bhavatīha amogha prāṇināṁ

sarvaduḥkhabhavaśokanāśakaḥ||4||

스라바노 아타 다르사노 아피 차

아누푸루팜 차 타타 아누스므르티흐

바바티하 아모가 프라니남

사르바두흐카바소카나사카흐

스라바노-듣는 것, 야타-이래로, 다르사노 아피 차-보는 것, 아누푸루팜 차-실찬, 타타-그래서, 아누스므르티흐-기억하는 것, 바바티하-~할 것이다, 아모가-비어 있는, 공(空), 프라니남-중생들, 존재들, 사르바두흐카-모든 고통, 바소카-고뇌, 나사카흐-파괴하는 것, 사라지다

내가 이제 간략하게 말해주리라.

이름을 듣거나 모습을 보고

마음에 간직해 잊지 않는다면

중생들의 모든 고통은 사라지리라.

我爲汝略說 聞名及見身

心念不空過 能滅諸有苦

아위여약설 문명급견신

심념불공과 능멸제유고

सचि अग्निखदाय पातयेद्
घतनार्थाय प्रदुष्टमानसः।
स्मरतो अवलोकितेश्वरं
अभिसिो इव अग्नि शाम्यति ॥५॥

saci agnikhadāya pātayed

ghatanārthāya priaduṣṭamānasaḥ|

smarato avalokiteśvaraṁ

abhisikto iva agni śāmyati||5||

사치 아그니카다야 파타예드

가타나르타야 프라두스타마나사흐

스마라토 아바로키테스바람

아비시크토 이바 아그니 삼야티

사치-그리고 또, 아그니-불, 카다야-구덩이, 파타예드-떨어지다, 가타나르타야-실행하다, 프라두스타마나사흐-해치려는 생각, 스마라토-기억했다, 아바로키테스바람-관세음보살을, 아비시크토-물을 쏟아붓다, 이바-~처럼, 아그니-불, 삼야티-꺼지다

어떤 이가 해치려는 생각을 품고

불구덩이에 떨어뜨려도

관세음보살을 생각하는 힘으로

불구덩이는 연못으로 변하리라.

假使興害意 推落大火坑

念彼觀音力 火坑變成池

가사흥해의 추락대화갱

염피관음력 화갱변성지

सचि सागरदुर्गि पातये
न्नागमकरसुरसुरभूतआलये।
स्मरतो अवलोकितेश्वरं
जलराजे न कदाचिसीदति ॥६ ॥

saci sāgaradurgi pātayen

nāgamakarasura bhūtaālaye|

smarato avalokiteśvaraṁ

jalarāje na kadācisīdati||6||

사치 사가라두르기 파타옌

나가마카라수라 부타아라예

스마라토 아바로키테스바람

잘라라제 나 카다치시다티

사치-그리고, 사가라-바다, 두르기-장애, 거친, 파타옌-떨어지다, 나가-뱀, 용(龍), 마카라-악어, 아수라-악마, 악신, 부타-귀신, 아라예-소굴, 스마라토-기억하다, 아바로키테스바람-관세음을, 잘라-물, 라제-괴물, 나-아닌, 카다치-어느 때라도, 시다티-괴롭히다

어떻게 하다 풍파를 만나 바다에 빠져

용 고기 귀신 등의 난을 만나도

관세음을 생각하는 그 힘에 의해서

어떠한 바다 괴물의 괴롭힘에도 벗어나리라.

或漂流巨海 龍魚諸鬼難

念彼觀音力 波浪不能沒

혹표류거해 용어제귀난

염피관음력 파랑불능몰

सचि मेरुतलातु पातयेद्
घतनार्थाय प्रदुष्टमानसः।
स्मरतो अवलोकितेश्वरं
सूर्यभूतो व नभे प्रतिष्ठति ॥७॥

saci merutalātu pātayed
ghatanārthāya praduṣṭamānasaḥ|
smarato avalokiteśvaraṁ
sūryabhūto va nabhe pratiṣṭhati||7||

사치 메루탈라투 파타예드
가타나르타야 프라두스타마나사흐
스마라토 아바로키테스바람
수르야부토 바 나베 프라티스타티

사치-그리고, 메루-수미산(須彌山), 탈라투-봉우리, 파타예드-떨어지다, 가타나르타야-떠밀다, 프라두스타마나사흐-마음 약한 이가, 스마라토-기억하다, 아바로키테스바람-관세음을, 수르야-태양, 부토-존재하는, 바-~과, 나베-허공, 프라티스타티-머물다

천만 길의 수미산 봉우리에서

악한 사람이 민다 하더라도

관세음을 생각하는 그러한 힘에 의해

허공의 태양처럼 머물게 되며

或在須彌峰 爲人所推墮

念彼觀音力 如日虛空住

혹재수미봉 위인소추타

염피관음력 여일허공주

वज्रामय पर्वतो यदि
धतनार्थाय हि मूर्ध्नि ओषरेत्।
स्मरतो अवलोकितेश्वरं
रोमकूप न प्रभोन्ति हिंसितुम्॥८॥

vajrāmaya parvato yadi

ghatanārthāya hi mūrdhni oṣaret|

smarato avalokiteśvaraṁ

romakūpa na prabhonti hiṁsitum||8||

바즈라마야 파르바토 야디

가타나르타야 히 무르드니 오사레트

스마라토 아바로키테스바람

로마쿠파 나 프라본티 힘시툼

바즈라-금강(金剛), 마야-만들어진, 파르바타-큰산, 야디-만약, 가타나르타야-밀어서, 히-그래서, 무르드니-정상, 머리, 오사레트-연소하다, 스마라토-기억하다, 아바로키테스바람-관세음을, 로마쿠파-털구멍, 나-아닌, 프라본티-~되다, 힘시툼-해치다

혹 나쁜 마음을 가진 이들에게 쫓기어

험준한 금강산에서 떨어져도

관세음을 생각하는 그 힘에 의해서

털끝 하나도 다치지 않을 것이니라.

或被惡人逐 墮落金剛山

念彼觀音力 不能損一毛

혹피악인축 타락금강산

염피관음력 불능손일모

해석

바즈라 파르바타(Vajrā Parvata)는 금강산(金剛山) 또는 철위산(鐵圍山)을 말한다.

शचि शत्रुगणैः परीवृतः

शस्त्रहस्तैर्विंहिसच तसैः ।

स्मरतो अवलोकितेश्वरं

मैत्रचित्त तद् भोन्ति हिसितुम् ॥९॥

saci śatrugaṇaiḥ parīvṛtaḥ

śastrahastairvihiṁsacetasaiḥ|

smarato avalokiteśvaraṁ

maitracitta tada bhonti tatkṣaṇam||9||

사치 사트루가나이흐 파리브르타흐

사스트라하스타이르비힘사체타사이흐

스마라토 아바로키테스바람

마이트라치따 타다 본티 타트크사남

사치-그리고, 사트루가나이흐-무리, 파리브르타흐-에워싸다, 사스트라하스타이르비힘사체타사이흐-누구를 해치려고 무기를 든, 스마라토-기억하다, 아바로키테스바람-관세음을, 마이트라치따-자비심의 마음, 타다-그래서, 본티 타트크사남-즉각적으로

난데없이 원수나 도적 떼들이

각자 흉기를 들고 협박할 때도

관세음을 생각하는 그 힘에 의해서

즉각적으로 그들이 자비심을 낼 것이며

或值怨賊遶 各執刀加害

念彼觀音力 咸卽起慈心

혹치원적요 각집도가해

염피관음력 함즉기자심

श्चि आधतने उपस्थितो

वध्यधशातनवशंगतो भवेत् ।

स्मरतो अवलोकितेश्वरं

खण्डखण्ड तद् शास्त्र गच्छियुः ॥१० ॥

saci āghatane upasthito

vadhyaghātanavaśaṁgato bhavet|

smarato avalokiteśvaraṁ

khaṇḍakhaṇḍa tada śastra gacchiyuḥ||10||

사치 아가타네 우파스티토

바드야가타나바삼가토 바베트

스마라토 아바로키테스바람

칸다칸다 타다 사스트라 가찌유흐

사치-그리고, 만약에, 아가타네-형장, 도살장, 우파스티토-끌려가다, 바드야가타나바삼가토-사형을 언도 받다, 바베트-~되다, 스마라토-기억하다, 아바로키테스바람-관세음을, 칸다칸다-조각조각, 타다-그를 사스트라-무기들, 가찌유흐-깨어질 것이다

만약에 국가의 법의 고통을 받고

목숨을 바치는 형을 받는다고 하더라도

관세음을 생각하는 그 힘에 의해서

모진 흉기들은 그대로 산산조각이 날 것이니라.

或遭王難苦 臨刑欲壽終

念彼觀音力 刀尋段段壞

혹조왕난고 임형욕수종

염피관음력 도심단단괴

श्चि दा रुमयैरयोमयै
र्हडिनिगडैरिह बद्धबन्धनैः ।
स्मरतो अवलोकितेश्वरं
क्षिप्रमेव विपटन्ति बन्धनैः ॥११ ॥

saci dārumayairayomayai-
rhaḍinigaḍairiha baddhabandhanaiḥ|
smarato avalokiteśvaraṁ
kṣiprameva vipaṭanti bandhanā||11||

사치 다루마야이라요마야이
르하디니가다이리하 바따반다나이흐
스마라토 아바로키테스바람
크시프라메바 비파타니 반다나

사치-그리고, 만약에, 다루마야이라-나무로 된, 요마야이-쇠로 된, 르하디니가다이-형틀, 리하-그것들, 바따반다나이흐-끈으로 묶다, 스마라토-기억하다, 아바로키테스바람-관세음을, 크시프라메바-즉시, 비파타니-부서지다, 반다나-묶다

불행하게 큰칼을 쓰고 감옥에 들어가

손과 발에 고랑을 차고 갇혀 있다 해도

관세음을 생각하는 그 힘에 의해서

저절로 풀려져서 벗어나리라.

或囚禁枷鎖 手足被杻械

念彼觀音力 釋然得解脫

혹수금가쇄 수족피추계

염피관음력 석연득해탈

मन्त्रा बल विद्य ओषधी
भूत वेताल शरीरनाशका ।
स्मरतो अवलोकितेश्वरं
तान् गच्छन्ति यतः प्रवर्तिताः ॥१२ ॥

mantrā bala vidya oṣadhī

bhūta vetāla śarīranāśakā|

smarato avalokiteśvaraṁ

tān gacchanti yataḥ pravartitāḥ||12||

만트라 발라 비드야 오사디

부타 베타라 사리라나사카

스마라토 아바로키테스바람

탄 가짠티 야타흐 프라바르티타흐

만트라-진언, 주술, 발라-힘, 비드야-주문, 지식, 오사디-약, 부타-귀신, 베타라-흡혈귀, 귀사귀, 사리-몸, 라나사카-해치다, 스마라토-기억하다, 아바로키테스바람-관세음을, 탄-그것들, 가짠티-간다, 야타흐-그들에게, 프라바르티타흐-돌아가게 하다

주술과 독약으로 무자비하게

자신의 욕심을 채우고자 죽이려 하여도

관세음을 생각하는 그 힘에 의해서

그 독이 자신에게 돌아가며

呪咀諸毒藥 所欲害身者

念彼觀音力 還着於本人

주저제독약 소욕해신자

염피관음력 환착어본인

शचि ओजहरैः परीवृतो
नागयक्षसुरभूतराक्षसैः ।
स्मरतो अवलोकितेश्वरं
रोमकूप न प्रभोन्ति हिंसितुम् ॥१३ ॥

saci ojaharaiḥ parīvṛto

nāgayakṣasurabhūtarākṣasaiḥ|

smarato avalokiteśvaraṁ

romakūpa na prabhonti hiṁsitum||13||

사치 오자하라이흐 파리브르토

나가야크사수라부타라크사이흐

스마라토 아바로키테스바람

로마쿠파 나 프라본티 힘시툼

사치-그리고, 만약에, 오자하라이흐-인간의 정기를 마시는 귀신, 파리브르-둘러싸다, 나가-용, 야크사-야차(夜叉), 아수라-악마, 부타-기사귀(起死鬼), 라크사이흐-나찰(羅刹), 스마라토-기억하다, 아바로키테스바람-관세음을, 로마쿠파-털끝 하나, 나-아닌, 프라본티-~이되다, 힘시툼-해치다

어쩌다가 악한 나찰(羅刹)을 만나거나

독룡(毒龍)과 아귀(餓鬼)들이 덤벼도

관세음을 생각하는 그 힘에 의해서

반대로 그들을 항복하게 하리라.

或遇惡羅刹 毒龍諸鬼等

念彼觀音力 時悉不敢害

혹우악나찰 독룡제귀등

염피관음력 시실불감해

शचि व्यालमृगैः परीवृत
स्तीक्ष्णदंष्टनखैर्महाभयैः ।
स्मरतो अवलोकितेश्वरं
क्षिप्र गच्छन्ति दिशा अनन्ततः ॥१४ ॥

saci vyālamṛgaiḥ parīvṛta
stīkṣṇadaṁṣṭranakharairmahābhayaiḥ|
smarato avalokiteśvaraṁ
kṣipra gacchanti diśā anantataḥ||14||

사치 브야라므르가이흐 파리브르타
스티크스나담스트라나카라이르마하바야이흐
스마라토 아바로키테스바람
크시프라 가짠티 디사 아난타타흐

사치-그리고, 만약에, 브야라므르가이흐-맹수, 파리브르타-둘러싸다, 스티크스나-날카로운, 담스트라-어금니, 나카라이르-발톱, 마하바야이흐-아주 두려운, 스마라토-기억하다, 아바로키테스바람-관세음을, 크시프라-순식간에, 가짠티-가다, 디사-여러 방향, 아난타타흐-끝없이 도망가다

사나운 짐승들에 둘러싸여

날카로운 이빨이나 발톱이 두렵더라도

관세음을 생각하는 그 힘에 의해서

그들이 오히려 도망가게 되며

若惡獸圍繞 利牙爪可怖

念彼觀音力 疾走無邊方

약악수위요 이아조가포

염피관음력 질주무변방

शचि दृष्टिविषैः परीवृतो
ज्वलनार्चिशिखदुष्टदारुणैः।
स्मरतो अवलोकितेश्वरं
क्षिप्रमेव ते भोन्ति निर्विषाः ॥१५॥

saci dṛṣṭiviṣaiḥ parīvṛto

jvala nārciśikhi duṣṭadāruṇaiḥ|

smarato avalokiteśvaraṁ

kṣiprameva te bhonti nirviṣāḥ||15||

사치 드르스티비사이흐 파리브르토

즈바라나르치시키두스타다루나이흐

스마라토 아바로키테스바람

크시프라메바 테 본티 니르비사흐

사치-그리고, 만약에, 드르스타-보이는, 비사이흐-독에 중독되다, 파리브르토-둘러싸이다, 즈바라-불, 활활 타다, 나르치시키-독연기, 두스타다루나이흐-극악한, 스마라토-기억하다, 아바로키테스바람-관세음을, 크시프라-즉시, 에바-참으로, 테-그들, 본티-~되다, 니르비사흐-악함이 사라지다

살모사와 독사 같은 동물이

불꽃처럼 독을 내뿜을지라도

관세음을 생각하는 그 힘과

염송을 듣고서 스스로 사라지리라.

蚖蛇及蝮蝎 氣毒煙火然

念彼觀音力 尋聲自迴去

완사급복갈 기독연화연

염피관음력 심성자회거

गम्भीर सविद्यु निश्चरी
मेघवज्रशनि वारिप्रस्त्रवाः ।
स्मरतो अवलोकितेश्वरं
क्षिप्रमेव प्रशमन्ति तत्क्षणम् ॥१६ ॥

gambhīra savidyu niścarī
meghavajrāśani vāriprasravāḥ|
smarato avalokiteśvaraṁ
kṣiprameva praśamanti tatkṣaṇam||16||

감비라 사비드유 니스차리
메가바즈라사니 바리프라스라바흐
스마라토 아바로키테스바람
크시프라메바 프라사만티 타트크사남

감비라-깊은, 심오한, 사비드유-천둥, 번개, 니스차리-우박, 메가-구름, 바즈라-단단함, 금강(金剛), 사니-빛나다, 바리프라스라바흐-폭포처럼 쏟아지는, 스마라토-기억하다, 아바로키테스바람-관세음을, 크시프라-즉시, 에바-참으로, 프라사만티-사라지다, 정화되다, 타트크사남-찰나에

뇌성벽력의 번개가 치고

우박과 큰비가 쏟아진다 해도

관세음을 생각하는 그 힘에 의해서

곧 구름이 걷히고 사라지리라.

雲雷鼓掣電 降雹澍大雨

念彼觀音力 應時得消散

운뢰고철전 강박주대우

염피관음력 응시득소산

बहुदुःखशतैरुपद्रुतान्
सत्तव दृष्टव बहुदुःखपीडितान् ।
शुभज्ञानबली विलोकिया
तेन त्रातरु गजे सदेवके ॥१७ ॥

bahuduḥkhaśatairupadrutān
sattva dṛṣṭva bahuduḥkhapīḍitān|
śubhajṣānabalo vilokiyā
tena trātaru gaje sadevake||17||

바후두흐카사타이루파드루탄
사뜨바 드르스트바 바후두흐카피디탄
수바갸나나바로 비로키야
테나 트라타루 가제 사데바케

바후두흐카-많은 고통, 사타이-수백가지, 루파드루탄-핍박을 받다, 사뜨바-중생(衆生), 드르스트바-보고서, 바후두흐카피디탄-억압받는 수많은 고통, 수바갸나나바로-청정한 지혜의 힘, 비로키야-살펴보다, 테나-그래서, 트라타루-구호하다, 가제-길이의 단위, 사데바케-신들과 함께

중생들이 곤액(困厄)을 당하고

한없는 고통을 당할지라도

관세음의 미묘한 지혜의 힘이

세상의 모든 고통을 구해 주리라.

衆生被困厄 無量苦逼身

觀音妙智力 能救世間苦

중생피곤액 무량고핍신

관음묘지력 능구세간고

ऋद्धीबलपारमिंगतो
विपुलज्ञान उपायसिक्षितः।
सर्वत्र दशद्दिशी जगे
सर्वक्षेत्रेषु अशेष दृश्यते ॥१८॥

ṛddhībalapāramiṁgato
vipulajṣāna upāyaśikṣitaḥ|
sarvatra daśaddiśī jage
sarvakṣetreṣu aśeṣa dṛśyate||18||

르띠히바라파라민가토
비푸라갸나 우파야시크시타흐
사르바트라 다사띠시 자게
사르바크세트레수 아세사 드르스야테

르띠히바라-신통력, 파라민가토-구족하다, 비푸라갸나-무한한 지혜, 우파야시크시타흐-수련하다, 사르바트라-모든 곳, 다사띠시-시방(十方), 열 가지 방향, 자게-세계, 사르바크세트레수-모든 경계, 모든 국토에서, 아세사-남김없이, 드르스야테-보여 준다

신통력이 구족하여 관세음보살의

지혜와 모든 방편을 넓게 수련하여

시방세계와 모든 국토에서

빠짐없이 두루 다니며 몸을 나타내느니라.

具足神通力 廣修智方便

十方諸國土 無刹不現身

구족신통력 광수지방편

시방제국토 무찰불현신

येच अक्षणदुर्गती भया
नरकतिर्यग्यमस्य शासने।
जातीजरव्याधिपीडिता
अनुपूर्वं प्रशमन्ति प्राणिनाम् ॥१९॥

ye ca akṣaṇadurgatī bhayā
narakatiryagyamasya śāsane।
jātījaravyādhipīḍitā
anupūrvaṁ praśamanti prāṇinām॥19॥

예 차 아크사나두르가티 바야
나라카티르야그야마스야 사사네
자티자라브야디피디타
아누푸르밤 프라사만티 프라니남

예-그리고, 차-또, 아크사나-재난이 있는, 두르가티-어려움이 있는, 바야-공포, 나라카-지옥, 티르야그-축생(畜生), 짐승의, 야마스야-지옥의 왕, 염라대왕(閻羅大王), 사사네-지배하다, 자티-출생, 탄생, 자라-죽음, 브야디-질병, 피디타-핍박하다, 아누푸르밤-점차, 프라사만티-없어지다, 프라니남-창조물들, 중생들

여러 가지의 저런 육취(六趣) 중생들

지옥과 아귀(餓鬼)와 축생들까지

태어나고 늙고 병들고 죽는 고통을

점차로 모두 없애 주리라.

種種諸惡趣 地獄鬼畜生

生老病死苦 以漸悉令滅

종종제악취 지옥귀축생

생로병사고 이점실영멸

अथ खलु अक्षमतिर्हृष्टतुष्टमना इमा गाथा अभाषत

atha khalu akṣamatirhṛṣṭatuṣṭamanā imā gāthā abhāṣata

아타 칼루 아크사마티르흐리쉬타투쉬타마나 이마 가타 아바사타

아타칼루-그 즉시, 아크사마티-무진의, 한계 없는, 흐리쉬타-기쁨, 투쉬타-환희의 세계, 도솔천(兜率天), 마나-마음, 척도, 이마-~는, 가타-게송(偈頌), 아바사타-옳다, 말하다

그 즉시 한계 없는 환희심으로 도솔천에서 게송으로 말하였다.

해석

삼계(三界)인 트리다투(Tridhātu)인 욕계(欲界), 색계(色界), 무색계(無色界)의 전체 지도는 이러하다.

I. 욕계(欲界): 욕계천(欲界天)-카마다투(Kāmadhātu), 육욕천(六欲天).
욕계에 6개의 하늘이 있다.

가. 지옥도(地獄道)-나라카(Naraka)

나. 아귀도(餓鬼道)-프레타(Preta)

다. 축생도(畜生道)-트르야그요니(Tiryagyoni)

라. 아수라도(阿修羅道)-아수라(Asura)

마. 인간도(人間道)-마누스야(Manusya)

바. 천신도(天神道), 천인도(天人道),

1. 사천왕천(四天王天)-차투르마하라지카카이카(Cāturmahārājikakā-yika)
2. 도리천(忉利天)-트라야스트림사(Trāyastriṃśa)이며 총 33개의 천성(天城)이 있어서 삼십삼천(三十三天)이라고도 불린다. 인드라(Indra)인 제석천(帝釋天)이 도리천의 지배자이다.
3. 야마천(夜摩天)-야마(Yāma)
4. 도솔천(兜率天)-투쉬타(Tuṣita)
5. 화락천(化樂天)-니르마나라티(Nirmāṇarati)
6. 타화자재천(他化自在天)-파리니르미타 바사바르틴(Parinirmita Vaśavartin)

II. 색계(色界): 색계천(色界天)-루파다투(Rūpadhātu)는 색계 십팔천(色界十八天)이며 색계에 18개의 하늘이 있다.

가. 초선천(初禪天)-브라흐마(Brahmā)는 3개의 하늘(天)이 있다. 범천(梵天)인 브라흐마 (Brahmā)의 지배를 받는 영역이다.

7. 범중천(梵衆天)-브라흐마파리사드야(Brahmapāriṣadya)

8. 범보천(梵輔天)-브라흐마푸로히타(Brahmapurohita)

9. 대범천(大梵天)-마하브라흐마(Mahābrahmā)

나. 이선천(二禪天)-아바스바라(Ābhāsvara)는 3개의 하늘(天)이 있다.

10. 소광천(少光天)-라리따바(Parīttābha)

11. 무량광천(無量光天)-아프라마나바(Apramāṇābha)

12. 광음천(光音天)-아바스바라(Ābhāsvara)

다. 삼선천(三禪天)-수바크르트스나(Śubhakṛtsna)는 3개의 하늘(天)이 있다.

13. 소정천(少淨天) –파리따수바(Parīttaśubha)

14. 무량정천(無量淨天)-아프라마나수바(Apramāṇaśubha)

15. 변정천(遍淨天)-수바크르트스나(Śubhakṛtsna)

라. 사선천(四禪天)-브르하트파라(Bṛhatphala)는 9개의 하늘(天)이 있다.

16. 무운천(無雲天)-아나브라카(Anabhraka)

17. 복생천(福生天)-푼야프라사바(Puṇyaprasava)

18. 광과천(廣果天)-브르하트파라(Bṛhatphala)

19. 무상천(無想天)-아사싸사따(Asaññasatta)는 외도(外道) 즉 불교 이외의 종교이며 브라만교와 자이나교의 깨달음에 도달했을 때의 경지로 무상정(無想定)이라 한다.

20. 무번천(無煩天)-아브르하(Avṛha)

21. 무열천(無熱天)-아타파(Atapa)

22. 선견천(善見天)-수드르사(Sudṛśa)

23. 선현천(善現天)-수다르사나(Sudarśana)

24. 색구경천(色究竟天)-아카니스타(Akaniṣṭha)

III. 무색계(無色界): 무색계천(無色界天)-아루프야다투(Ārūpyadhātu)는 무색계 사천(無色界四天)인 무색계에 4개의 하늘이 있다.

25. 공무변처천(空無邊處天)-아카사난트야야타나(Ākāśānantyāyatana)

26. 식무변처천(識無邊處天)-비그사나난트야야타나(Vijñānānantyāyatana)

27. 무소유처천(無所有處天)-아킴찬야야타나(Ākiṃcanyāyatana)

28. 비상비비상처천(非想非非想處天)-나이바삼그야나삼갸타나(Naivasaṃjñānāsaṃjñāyatana)

멸진정(滅盡定)-니로다사마파티(Nirodhasamāpatti) 궁극의 경지

शुभलेचन मैत्रलोचना
प्रज्ञाज्ञानविशिष्टलोचना ।
कृपलोचन शुद्धलोचना
प्रेमणीय सुमुखा सुलोचना ॥२० ॥

śubhalocana maitralocanā

prajṣājṣānaviśiṣṭalocanā|

kṛpalocana śuddhalocanā

premaṇīya sumukhā sulocanā||20||

수바로차나 마이트라로차나

프라갸갸나비시스타로차나

크르파로차나 수따로차나

프레마니야 수무카 수로차나

수바로차나-순수한 관찰, 마이트라로차나-자애로운 관찰, 프라갸-뛰어난, 갸나비시스타로차나-지혜로운 관찰, 크르파로차나-연민의 관찰, 수따로차나-청정한 관찰, 프레마니야- 사랑스러운, 수무카-밝은 얼굴, 수로차나-아름다운 눈의 관찰

순수한 관찰이며 자애로운 관찰

놀라운 지혜로운 관찰 연민의 관찰

사랑스러운 관찰 밝은 얼굴

한결같이 염원하여라.

眞觀淸淨觀 廣大智慧觀

悲觀及慈觀 常願常瞻仰

진관청정관 광대지혜관

비관급자관 상원상첨앙

अमलामलनिर्मलप्रभा
वितिमिर ज्ञानदिवाकरप्रभा ।
अपहृतानिलज्वलप्रभा
प्रतपन्ते जगती विरोचसे ॥२१ ॥

amalāmalanirmalaprabhā
vitimira jṣānadivākaraprabhā|
apahṛtānilajvalaprabhā
pratapanto jagatī virocase||21||

아마라마라니르마라프라바
비티미라갸나디바카라프라바
아파흐르타닐라즈바라프라바
프라타판토 자가티 비로차세

아마라마라-순수하고 순수한, 니르마라-청정한, 프라바-빛나는, 광명, 비티미라-평온한, 갸나-지혜, 디바-태양, 카라-행하다, 프라바-광채, 빛, 아파흐르타-물리치다, 닐라-바람, 즈바라-불꽃, 프라바-광채, 프라타판토-스스로 빛을 발하다, 자가티-세계, 비로차세-청정하게 비춘다,

티없이 맑은 성스러운 광명

햇빛 같은 지혜가 어둠을 몰아내고

불꽃의 바람에 대한 재앙도 평정하고

세상을 찬란하게 비추어 주느니라.

無垢淸淨光 慧日破諸暗

能伏災風火 普明照世間

무구청정광 혜일파제암

능복재풍화 보명조세간

कृपसद्गुणमैत्रगर्जिता
शुभगुण मैत्रमना महाधनश ।
क्लेशाग्नि शमेसि प्राणिनां
धर्मवर्षं अमृतं प्रवर्षसि ॥२२॥

kṛpasadguṇamaitragarjitā
śubhaguṇa maitramanā mahāghanā|
kleśāgni śamesi prāṇināṁ
dharmavarṣaṁ amṛtaṁ pravarṣasi||22||

크르파사드구나마이트라가르지타
수바구나 마이트라마나 마하가나
크레사그니 사메시 푸라니남
다르마바르삼 암리탐 프라바르사시

크르파-연민, 사드구나-미덕(美德), 계행, 마이트라-자애(慈愛)로운, 가르지타-외치다, 수바구나-공덕(功德), 마이트라마나-자애로운 마음, 마하가나-거대한 구름, 크레사그니-번뇌의 불, 사메시-끄다, 푸라니남-중생들의, 다르마바르삼-법의 비(法雨), 암리탐-불멸(不滅), 불사(不死), 감로(甘露), 프라바르사시-내려주다

연민의 덕을 가지고 자애로우며 공덕과

자애로운 거대한 구름과 같은 이여,

그대는 중생들의 번뇌의 불을 끄고 감로와 같은

가르침의 법의 비를 내려주느니라.

非體戒雷震 慈意妙大雲

澍甘露法雨 滅除煩惱焰

비체계뢰진 자의묘대운

주감로법우 멸제번뇌염

कलहे च विवादविग्रहे
नरसंग्रामगते महाभये ।
स्मरतो अवलोकितेश्वरं
प्रशमेया अरिसंघ पापका ॥२३ ॥

kalahe ca vivādavigrahe
narasaṁgrāmagate mahābhaye|
smarato avalokiteśvaraṁ
praśameyā arisaṁgha pāpakā||23||

카라헤 차 비바다비그라헤
나라삼그라마가테 마하바예
스마라토 아바로키테스바람
프라가메야 아리삼가 파파카

카라헤-논쟁, 차-그리고, 비바다-비방, 비그라헤-말다툼, 나라삼그라마-전쟁터에 나가다, 가테-가다, 마하바예-큰 두려움, 스마라토-기억하다, 아바로키테스바람-관세음을, 프라가메야-소멸시키다, 아리삼가-원수의 무리, 파파카-죄악(罪惡)

송사나 다툼으로 관청에 갈 때나

생명을 걸고 나간 전쟁에서도

관세음을 생각하는 그 힘에 의해서

원망과 원수들의 문제는 모두 풀리리라.

諍訟經官處 怖畏軍陣中

念彼觀音力 衆怨悉退散

쟁송경관처 포외군진중

염피관음력 중원실퇴산

मेघस्वर दुन्दुभिस्वरो
जलधरगर्जित ब्रह्मसुस्वर।
स्वरमण्डलपारमिंगतः
स्मरणीयो अवलोकितेश्वरं ॥२४ ॥

meghasvara dundubhisvaro

jaladharagarjita brahmasusvaraḥ|

svaramaṇḍalapāramiṁgataḥ

smaraṇīyo avalokiteśvaraḥ||24||

메가스바라 둔두비스바로

잘라다라가르지타 브라흐마수스바라흐

스바라만다라파라밈가타흐

스마라니요 아바로키테스바라흐

메가스바라-구름의 소리, 둔두비스바로-북소리, 잘라다라가르지타-비구름 천둥소리, 브라흐마수스바라흐-범천(梵天)의 아름다운 소리, 스바라-음(音), 만다라-도형, 파라밈-최고로, 가타흐-가다, 스마라니요-기억하다, 아바로키테스바라흐-관세음(觀世音)

구름의 소리, 북소리, 비구름과 천둥 소리

범천의 아름다운 소리들

이러한 세상의 소리를 뛰어넘는 소리들을

언제나 기억하고 생각하여라.

妙音觀世音 梵音海潮音

勝彼世間音 是故須常念

묘음관세음 범음해조음

승피세간음 시고수상념

स्मरथा स्मरथा स काङ्क्षथा
शुद्धसत्त्वं अवलोकितेश्वर ।
मरणे व्यसने उपद्रवे
त्राणु भोति शरणं परायणम् ॥२५॥

smarathā smarathā sa kāṅkṣathā

śuddhasattvaṁ avalokiteśvaram|

maraṇe vyasane upadrave

trāṇu bhoti śaraṇaṁ parāyaṇam||25||

스마라타 스마라타 사 칸크사타

수따사뜨밤 아바로키테스바람

마라네 브야사네 우파드라베

트라누 보티 사라남 파라야남

스마라타 스마라타 -기억하고 기억하다, 사-그것, 칸크사타-의심하지 않는다, 수따사뜨밤-청정한 존자(淸淨尊者), 아바로키테스바람-관세음 보살의, 마라네-죽음에, 브야사네-재앙에, 우파드라베-고뇌에, 트라누-제도, 보티-해주다, 사라남-구원, 파라야남-의지처

기억하고 기억하되 의심하지 않는다면

청정한 존자이신 관세음보살이

중생의 번뇌 고통으로 죽음에 온 액운이라도

의지처가 되며 또 보호해 주리라.

念念勿生疑 觀世音淨聖

於故惱死厄 能爲作依怙

염념물생의 관세음정성

어고뇌사액 능위작의호

सर्वगुणस्य पारमिंगतः
सर्वसत्त्वकृपमैत्रलोचनो ।
गुणभूत महागुणोदधी
वन्दनीयो अवलोकितेश्वरः ॥२६ ॥

sarvaguṇasya pāramiṁgataḥ

sarvasattvakṛpamaitralocano|

guṇabhūta mahāguṇodadhī

vandanīyo avalokiteśvaraḥ||26||

사르바구나스야 파라밈가타흐

사르바사뜨바크르파마이트라로차노

구나부타 마하구노다디

반다니요 아바로키테스바라흐

사르바구나스야-일체의 공덕, 파라밈가타흐-다 갖추다, 사르바사뜨바-일체의 중생 크르파-사랑, 마이트라로차노-자비, 구나부타-많은 공덕, 마하구노다디-공덕의 바다, 반다니요-울려퍼지다, 아바로키테스바라흐-관세음보살

일체의 모든 공덕을 갖추었으며

자비하신 눈으로 중생을 살피시고

공덕이 바다와 같이 한계가 없나니

마땅히 예경하고 존중하여라.

具一切功德 慈眼視衆生

福聚海無量 是故應頂禮

구일체공덕 자안시중생

복취해무량 시고응정례

योऽसौ अनुकम्पको जगे
बुद्ध भेष्यति अनागतेऽध्वनि।
सर्वदुःखभयशाकं
प्रणमामी अवलोकितेश्वरं ॥२७ ॥

yo'sau anukampako jage
buddha bheṣyati anāgate'dhvani|
sarvaduḥkhabhayaśokanāśakaṁ
praṇamāmī avalokiteśvaram||27||

요아사우 아누캄파코 자게
부따 베스야티 아나가테아드바니
사르바두흐카바야소카나사캄
프라나마미 아바로키테스바람

요아사우-그분은, 아누캄파코-연민, 자게-세상, 부따-부처님, 깨달음, 베스야티-~될 것이다, 아나가테아드바니-미래세(未來世)에, 사르바두흐카-모든 고통, 바야-두려움, 소카-슬픔, 나사캄-제거해 주는, 프라나마미-가득찬, 바다의, 아바로키테스바라흐-관세음보살

세상을 연민히 여기시는 그분은

미래 세상에서 깨달은 부처님이 되셔서

모든 고통과 두려움과 슬픔을 제거해 주시나니

관세음보살님의 가득함에 귀의합니다.

□ 게송 27~게송 33까지의 한문 게송을 찾을 수 없음을 밝혀 둡니다.

लोकेश्वर राजनायको
भिक्षुधर्मकरु कोकपूजितो ।
बहुकल्पशतांश्चरित्व च
प्राप्तु बोधि विरजां अनुत्तराम् ॥२८ ॥

lokeśvara rājanāyako
bhikṣudharmākaru lokapūjito।
bahukalpaśatāṁścaritva ca
prāptu bodhi virajāṁ anuttarām॥28॥

로케스바라 라자나야코
비쿠수다르마카루 로카푸지토
바후칼파사탐스차리트바 차
프라프투 보디 비라잠 아누따람

로케스바라-세상의 주(主), 관세음보살, 라자나야코-왕들의 지도자, 비쿠수-비구(比丘)스님, 다르마-법(法), 카루-주인, 로카푸지토-세상을 위하여 예배나 기도를 함, 바후칼파-수많은 겁(怯), 사탐-수백의, 스차리트바-수행을 하는, 차-그리고, 프라프투-얻다, 보디-깨달음, 비라잠-청정한, 아누따람-위가 없는(無上)

세상의 주(主)이며 왕들의 지도자

세상을 위하여 기도하시네.

수없는 긴 세월의 수행으로

위없는 무상(無上)의 깨달음을 얻었네.

स्थित दक्षिणवामतस्तथा
वीजयन्त अमिताभनायकम् ।
मायोपामता समाधिना
सर्वक्षेत्र जिन गत्व पूजिषु ॥२९॥

sthita dakṣiṇavāmatastathā
vījayanta amitābhanāyakam|
māyopamatā samādhinā
sarvakṣetre jina gatva pūjiṣu||29||

스티타 다크시나바마타스타타
비자얀타 아미타바나야캄
마요파마타 사마디나
사르바크쉐트레 지나 가트바 푸지수

스티타-머물다, 다크시나-우측의, 바마타-좌측의, 스타타-서 있다, 비자얀타-행하다, 아미타바나야캄-아미타불, 우파마타-최상의, 사마디나-삼매(三昧), 초의식, 사르바크쉐트레-모든 영역, 세상, 지나-승리자, 가트바-가서, 푸지수-기도를 올리다

아미타불 오른쪽과 왼쪽에 서서

최상의 삼매에서

모든 세계의 영역의 부처님께

이르러 기도를 올린다.

दिशि पश्चिमतः सुखाकरा
लोकधातुविरजा सुखवती
यत्र एष अमिताभनायकः
संप्रति तिष्ठति सत्त्वसारथिः ॥३० ॥

diśi paścimataḥ sukhākarā
lokadhātu virajā sukhāvatī|
yatra eṣa amitābhanāyakaḥ
saṁprati tiṣṭhati sattvasārathiḥ||30||

디시 파스치마타흐 수카까라
로카다투 비라자 수카바티
야트라 에사 아미타바나야카흐
삼프라티 티스타티 사뜨바사라티흐

디시-방향, 파스치마타흐-서쪽, 수카까라-행복하게 하는, 로카다투-세계, 비라자-청정한,
수카바티-행복한 곳, 야트라-거기, 에사-이, 아미타바나야카흐-아미타 부처님께서, 삼프라티-언제나, 티스타티-머물다, 사뜨바사라티흐-중생들을 인도하다

서쪽에의 행복하게 하는 세상

청정한 곳이며

거기에는 아미타부처님이 머물며

언제나 중생들을 인도하여 주신다.

न च इस्त्रिण तत्र सम्भवो
नापि च मैथुनधर्म सर्वशः।
उपपादुक ते जिनोरसाः
पद्मगर्भेषु निषण्ण निर्मलाः ॥३१॥

na ca istriṇa tatra saṁbhavo

nāpi ca maithunadharma sarvaśaḥ|

upapāduka te jinorasāḥ

padmagarbheṣu niṣaṇṇa nirmalāḥ||31||

나 차 이스트리나 타트라 삼바베

나피 차 마이투나다르마 사르바사흐

우파파두카 테 지노라사흐

파드마가르베수 니산나 니르마라흐

나-아닌, 차-그리고, 이스트리나-여성, 타트라-거기에는, 삼바베-살지 않는다, 나피-또한, 차-그리고, 마이투나다르마-성적(性的)인, 사르바사흐-완전히, 우파파두카-화생(化生), 부모가 없이 스스로 태어남, 테-그들, 지나-부처님, 아사흐-아들, 파드마가르베수-연꽃 가운데에, 니산나-앉아 있다, 니르마라흐-청정한, 순수한

그곳에는 여인 같이 있지 않아서

성적인 음욕(淫慾)은 없네.

그들은 부처님의 아들로 화생하여

연꽃 가운데에 청정하게 앉아 있네.

सो चैव अमिताभनायकः
पद्मगर्भे विरजे मनोरमे ।
सिंहासनि संनिषण्णको
शालरजो व यथा विराजते ॥३२ ॥

so caiva amitābhanāyakaḥ

padmagarbhe viraje manorame|

siṁhāsani saṁniṣaṇṇako

śālarajo va yathā virājate||32||

소 차이바 아미타바나야카흐

파드마가르베 비라제 마노라메

심하사니 삼니산나코

사라라조 바 야타 비라자테

소-그분이, 차이바-바로, 아미타바나야카흐-아미타부처님, 파드마가르베-연꽃 속에서, 비라제-깨끗하게, 마노라메-아름답게, 심하사니-사자좌에, 삼니산 나코-잘 앉아 계신 분, 사라라조-사라수(沙羅樹)나무, 아주 튼튼한 나무, 바 -또는, 야타-~과 같이, 비라자테-장엄하고 계신다

바로 그분이 아미타부처님이시며

아름다우시며 깨끗한 연화장(蓮華藏)의

사자좌에 잘 앉아 계신 분이시며

사라수(沙羅樹) 나무처럼 장엄하게 계시네.

सोऽपि तथा लोकनायको
यस्य नास्ति त्रिभवेस्मि सादृशः।
यन्मे पुण्य स्तवित्व संचितं
क्षप्रे ेमि यथ त्वं नरोत्तम ॥३३॥

so'pi tathā lokanāyako

yasya nāsti tribhavesmi sādṛśaḥ।

yanme puṇya stavitva saṁcitaṁ

kṣipra bhomi yatha tvaṁ narottama॥33॥ iti॥

소아피 타라 로카나야코

야스야 나스티 트리바베스미 사드르사흐

얀메 푼야 스타비트바 삼치탐

크시프라 보미 야타 트밤 나로따마

소아피-그들 또한, 타라-그렇게, 로카나야코-세상을 지배하는분, 야스야-어디에서도, 나스티-없다, 트리바베스미-삼계삼유(三界三有), 사드르사흐-그와 같은, 얀메-만약, 푼야-공덕(功德), 스타비트바-섬기다, 삼치탐-축적된, 크시프라-즉시, 보미-될 것이다, 야타 트밤-당신, 나로따마-최상승의 인간

이곳 삼계(三界)의 삼유(三有)에는

그와 같은 잡음이 없는 세상의 주(主)이시며

그 쌓인 공덕(功德)을 찬양함으로써

그대는 바로 사람 가운데에서 으뜸의 사람이 되리라.

अथ खलु धरणिंशरो बोधिसत्त्वो महासत्त्वा
उत्थायासनादेकांसमुत्तरासङ्गं कृत्वा दक्षिणं जानुमण्डलं
पृथिव्यां प्रतिष्ठाप्य येन भगवांस्तेनाञ्जलिं प्रणम्य
भगवन्तमेतदवोचत् न ते भगवन् सत्त्वः अवरकेण कुभ
शलमूलेन समन्वागता भविष्यन्ति येऽवलोकितेश्वरस्य
बेधिसत्तवस्य महासत्त्वमेतदवेमं धर्मपर्यायपरिवर्तं क्षोष्यन्ति
अवलेकितेश्वरस्य बेधिसत्तवस्य महासत्त्वस्य विकुर्वनिर्देशं
समन्तमुखपरिवर्तं नाम
अवलेकितेश्वरस्य बेधिसत्तवस्य विकुर्वणप्रातिहार्यम्
अस्मिन् खलु पुनः समन्तमुखपरिवर्तें भगवता निर्देश्यमाने
तस्याः
पर्षदश्चतुरशीतिनां प्रणिसहस्त्राणामसमसमायामनुत्तरायां
सम्यक्संबोधौ चित्तान्युत्पन्नान्यभूवन्
इति क्षीसद्धर्मपुण्डरीके धर्मपयर्शये समन्तखपरिवर्तो
नमावलोकितेश्वरविकुर्वणनिर्देश श्चतुर्विंशतिमः

atha khalu dharaṇiṁdharo bodhisattvo mahāsattva
utthāyāsanādekāṁsamuttarāsaṅgaṁ kṛtvā dakṣiṇaṁ
jānumaṇḍalaṁ pṛthivyāṁ pratiṣṭhāpya yena

bhagavāṁstenāṣjaliṁ praṇāmya bhagavantametadavocat-

na te bhagavan sattvāḥ avarakeṇa kuśalamūlena

samanvāgatā bhaviṣyanti, ye'valokiteśvarasya bodhisattvasya

mahāsattvasyemaṁ dharmaparyāyaparivartaṁ śroṣyanti

avalokiteśvarasya bodhisattvasya mahāsattvasya

vikurvānirdeśaṁ samantamukhaparivartaṁ nāma

avalokiteśvarasya bodhisattvasya vikurvaṇaprātihāryam

asmin khalu punaḥ samantamukhaparivarte bhagavatā

nirdeśyamāne tasyāḥ parṣadaścaturaśītināṁ prāṇisahas

rāṇāmasamasamāyāmanuttarāyāṁ samyaksaṁbodhau

cittānyutpannānyabhūvan||

iti śrīsaddharmapuṇḍarīke dharmaparyāye

samantamukhaparivarto nāmāvalokiteśvara vikurvaṇanirdeś

aścaturviśatimaḥ||

아타 칼루 다라님다로 보디사뜨보 마하사뜨바 우따야사나데캄삼우

따라상감 크르트바 다크시남 자누만다람 프리티브얌 프라티스차프야

예나 바가밤스테나안잘림 프라남야 바가반타메타다보차트 나 테 바

가반 사뜨바흐 아바라케나 쿠사라무레나 사만바가타 바비스얀티, 예

아바로키테스바라야 보디사뜨바스야 마하사뜨바스예맘 다르마파르야

야파리바르탐 스로스얀티 아바로키테스바라스야 보디사뜨바스야 마

하사뜨바스야 비쿠르바니르데삼 사만타무카파리바르팀 나마 아바로키테스바라스야 보디사뜨바스야 비쿠르바나프라티하르얌 아스민 칼루 푸나흐 사만타무카파리바르테 바가바타 니르데스야마네 타스야흐 파르사다스차투라시티남 프라니사라스라나마사마사마야마누타라얍 삼약삼보다우 치딴유트판난야부반
이티 스리사따르마푼다리케 다르마파르야예 사만타무카파리바르트토 나마바로키테스바라 비쿠르바나니르데사스차투르비사티마흐

아타 칼루-그때에, 다라님다로 보디사뜨보 마하사뜨바-지지보살(持地菩薩) 마하살(摩訶薩), 우따야사나데캄삼우따라상감-한쪽 어깨에 가사를 걸치고 자리에 일어나다, 크르트바-행하다, 다크시남 자누만다람-오른쪽 무릎을 구부리다, 프리티브얍 프라티스차프야-땅에 닏고서, 예나-그러한 후에, 바가밤스테나안잘림 프라남야-세존에게 최고의 예로 합장을 하고, 바가반타메타다보차트-세존에게 이렇게 말하였다, 나테-어떤, 바가반-세존, 사뜨바흐-중생이, 아바라케나-부족한, 쿠사라무레나-선근으로, 사만바가타 -성취하다, 바비스얀티-될 것이다, 예 아바로키테스바라야 보디사뜨바스야 마하사뜨바스예맘-관세음보살 마하살의, 다르마파르야야파리바르탐-법문을, 스로스얀티-듣는, 아바로키테스바라스야 보디사뜨바스야 마하사뜨바스야-관세음보살 마하살의, 비쿠르바니르데삼-자재신력에 대한 설법, 사만타무카파리바르팀-보문품(普門品)이라는, 나마-이름의, 아바로키테스바라스야 보디사뜨바스

야-관세음보살 마하살의, 비쿠르바나프라티하르얌-신통한 변화의 기적, 아스민 칼루 푸나흐 -지금 다시, 사만타무카파리바르테-이 보문품의, 바가바타 니르데스야마네-부처님께서 설해지자, 타스야흐-그들, 파르사다스차투라시티남-대중들에게서, 프라니사라스라나마사마사마야마누타라얌 삼약삼보다우-84000중생들의 비할 수 없는 지혜가, 치딴유트판난야부반이티-마음에 생겨났다, 이띠-이와 같이, 스리사따르마푼다리케 다르마파르야예 사만타무카파리 나마바로키테스바라 -묘법연화경의 관세음보살보문품으로 이름 지어진, 비쿠르바나니르데사스-다양한 방향 차투르비사티마흐-신통과 다양한 변화들에 관한 24번째의 설법을 마친다.

그때에 지지보살 마하살이 한쪽 어깨에 가사를 걸치고 자리에서 일어나 오른쪽 무릎을 구부리고 세존에게 최고의 예로 합장을 하고 세존께 이렇게 말하였다.

"세존이시여, 어떤 중생이 이 관세음보살의 법문을 자재하신 설법과 넓은 문을 나타내시는 관세음보살마하살보분품(觀世音菩薩摩訶薩普門品)이라는 이름의 신통한 힘을 듣는 이가 있다면, 이 사람의 지혜와 공덕이 적지 아니함을 알겠나이다."

부처님이 이 보문품을 말씀하실 때에 팔만사천(八萬四千) 중생들이 위없이 높고 평등한 아뇩다라삼먁삼보리의 마음을 내었다.

爾時 持地菩薩 卽從座起 前白佛言 世尊 若有衆生

聞是觀世音普門品 自在之業 普門示現 神通力者 當知是人 功德不少

佛說是普門品時 衆中 八萬四千衆生 皆發無等等

阿耨多羅三藐三普堤心

이시 지지보살 즉종좌기 전백불언 세존 약유중생

문시관세음보문품 자재지업 보문시현 신통력자 당지시인 공덕불소

불설시보문품시 중중 팔만사천중생 개발무등등

아뇩다라삼먁삼보리심

이와 같이 묘법연화경의 관세음보살보문품의 신통에 관한 24번째의 설법을 마친다.

※24번째 설법을 마친다고 하였는데 산스크리트 원전은 24품으로 되어있고 판본에 따라 한국어로 번역된 것에는 25품으로 되어 있다. 보통 11품인 견보탑품과 12품인 제바달다품이 같이 되어 있어 24번째 설법이라 하였다.

여러 판본이 다양하게 되어 있어 품에 대한 혼동이 있을 수 있으니 참조하시기 바란다.

समन्तमुखपरिवर्तः

관세음보살보문품(觀世音菩薩普門品)

부록

सद्धर्मपुण्डरीकसुत्र धारणि

Saddharmapundaikasutra Dhārani

사따르마푼다리카수트라 다라니

법화경 다라니(法華經陀羅尼)

다라니(陀羅尼)란 일체의 사물을 마음에 새겨 기억하게 하는 부처님의 가르침이며 나쁜 악법을 차단하여 생기지 못하게 하는 것이다. 여기에서 긴 문장은 다라니이며 몇 구절은 진언(眞言)이며 한두 자로 된 것은 주(呪)이다.

□ 다라니 1~5까지는 법화경 26품 다라니품 다라니이고
보현보살 다라니는 법화경 28품 보현보살권발품 다라니이다.

1.

भैषज्यराज बोधिसत्त्व धारणि

Bhaishajyarāja Bodhisattva Dhārani

바이샤즈야라자 보디사뜨바 다라니

약왕보살다라니(藥王菩薩陀羅尼)

약왕보살(藥王菩薩)은 화(華)이며 서쪽 광목천왕(廣目天王)이며 여래일체
(如來一切), 자재신력(自在神力)이며 용(用)이며 꽃에 해당됨.

अनये मन्ये मने ममने चिते चरिते समे समिता विशान्ते
मुके मुतमे समे अविषमे समसमे जये क्षये अक्षये अक्षि
णे शान्ते समिते धारणि आलोकभाषे प्रत्यबेक्षणि निधिभ
रु अवयन्तरनिविष्टे अभयन्तरपारिशुद्धिमुत्कुले अरडे परडे
सुकाङ्क्षि असमसमे बुद्धविलोकिते धर्मपरीक्षिते संधनिर्धणि
निर्घोणि भयाभयविशोधनि मत्रे मन्त्राक्षीयमे रुते रुतकौ
शल्ये अक्षये अक्षयवनताये वक्कृले वलोड्र अमन्यनताये
स्वाहा

Anye Manya Mane Mamane Cite Carite Same Samitā Viśānte

Muke Muktatame Same Avishame Samasame Jaye Kshaye Akshaye Akshine Śānte

Samite Dhārāni Ālokabhāshe Pratyabekshani Nidhiru Abeyantaranibiste Abhyantarapāriśuddimutkule Arade Paride Sukānkshi Asamasame Buddhavilokite Dharmapariksite Samghanirghosani Nirgoni Bhayābhayaviśodhani Mantre Mantrakshayame Rute Rutakauśalye Akshaye Akshaya Vanatāye Vakule Valodra Amanyanathāye Svāhā

안예 만예 마네 마마네 치테 차리테 사메 사미타 비산테 묵테 묵크타타메 사메 아비사메 사마사메 자예 크사예 아크사예 아크시네 산테 사미테 다라니 아로카바세 프라트야베크사니 니디루 아브얀타라니비스테 아비얀타라파리수띠무트쿨레 아라데 파라데 수캉크시 아사마사메 붓다비로키테 다르마파리크시테 삼가니르고사니 니르고니 바야바야비소다니 만트레 만트라크사야테 루테 루타카우살예 아크사예 아크사야바나타예 바쿨레 바로드라 아만야나타예 스바하

안예-놀라는 것, 만예-사유하는, 마네-의념, 마마네-생각이 없는, 치데-마음, 의식, 차리테-수행, 사메-고요한, 사미타-고요하고 안정된, 비산테-지혜로운 침묵, 묵테-해탈, 자유로운, 묵타타메-고요한 자유, 사메-평등한, 아비사메-개인적인 마음을 넘어선, 사마사메-평등하고 평

등한, 자예-미망의 끝, 크사-그러함에, 약차예-무궁한 선(善), 악시네-해탈이여, 산티-평온한 마음, 사미테-담담한 마음, 다라니-주문, 총지(總持), 아로카바세-지켜보는, 관찰하는, 프라트야베크샤니-관조하는, 니디루-광명, 빛나는, 아브얀타라니비스테-스스로 홀로서는 마음, 아브얀타라파리수띠무트꿀레-스스로 홀로서고 으지하는 마음으로, 아라데-동요하지 않는 마음, 파라데-흔들리지 않는 마음, 수캉크시-청정한 눈, 아사마사메-차별이 바로 평등, 붓다빌로키테-깨달은이의 절대경지, 다르마파리크시테-법의 완전한 관찰, 삼가니르고사니-교단의 화합, 니르고니-조화, 바야바비소다니-밝은 가르침, 만트레-만덕의 구족함, 만트라크사야테-만덕을 구족하는 마음, 루테-무궁한 작용, 루타-울려퍼지는 소리, 카우살예-대중의 소리에 밝은 관찰, 아크사예-가르침의 이해, 아크사야-무궁한 가르침, 바나타예 바쿨레 바로드라-빛나는, 아만야나타예-자재한 경지, 스바하-영광 있으라

아니 마니 마네 마마네 지례 자리제 샤먀 샤리다위

安爾 曼爾 摩那 摩摩那 旨隷 遮梨帝 賖摩 賖履多瑋

선제 목제 목다리 사리 아위사리 상리 사리 사예

善帝 目帝 木多履 娑履 阿瑋娑履 桑履 娑履 叉裔

아사예 아기니 선제 샤리 다라니 아로가바사

阿叉裔 阿耆爾 善帝 娑履 陀羅尼 阿盧伽婆娑

파자비사니 네비제 아변다라 네리제 아단다 파례수지 구구례

籛蔗毗叉膩 禰毗剃 阿便哆邏 禰履剃 阿亶哆 波隸輸地 漚究隸

모구례 아라례 파라례 수가차 아삼마삼리 붓다비기리질제

牟究隸 阿羅隸 波羅隸 首迦差 阿三磨三履 佛馱毘吉利袠帝

달마파리차제 승가열구사네 바사바사수지 만다라 만다라사야다

達磨波利差帝 僧伽涅瞿沙那 婆舍婆舍輸地 曼哆羅 曼哆羅査夜多

우루다 우루다교사랴 악사라 악사야다야 아바로 아마야나다야

郵樓哆 郱樓哆憍舍略 惡叉邏 惡叉冶多冶 阿婆盧 阿摩若那多夜

2.

प्रदानशूर बोधिसत्त्व धारणि

Pradānaśura Bodhisattva Dhārani

프라다나수라 보디사뜨바 다라니

용시보살(勇施菩薩) 다라니(陀羅尼)

용시보살(勇施菩薩)은 연(蓮)이며 남쪽 증장천왕(增長天王)이며 여래일체(如來一切), 심심지사(甚深之事)이며 종(宗)이며 결실에 해당됨.

ज्वले महाज्वले उक्के तुक्के मुक्के अडे अडावति नृत्ये नृत्यावति इदि्दनि विदि्दनि चिदि्दनि नृत्यनि नृत्यावति स्वाहा

Jvale Mahājvale Ukke Tukke Mukke Ade Adāvati Nrtye Nrtyāvati Iddini Viddini Ciddini Nrtyani Nrtyāvati Svāhā

즈발레 마하즈발레 우께 투께 무께 아데 아다바티 느르트예 느르트야바티 이띠니 비띠니 치띠니 느르트야니 느르트야바티 스바하

즈발레-빛나는, 마하즈발레-거대하게 빛나는, 투께-빛나는 확장, 무께-지혜의 빛나는, 아데-순조로운 성취, 아다바티-부유함, 느르트예-혼연

함, 이띠니-안주, 비띠니-질서, 치띠니-영합하지 않는, 느르트야니-무의미하게 모이지 않는

자례 마하자례 욱기 목기 아례 아라바제 열례제 열례다바제 이지니 위지니 지지니 열례지니 열리지바지

座隸 摩訶座隸 郁枳 目枳 阿隸 阿羅婆第 涅隸第 涅隸多婆第 伊緻柅 韋緻柅 旨緻柅 涅隸墀尼 涅梨墀婆底

3.

वैश्रवण महाराज धारणि

Vaisravana Mahārāja Dhārani

바이스라바나 마하라자 다라니

비사문천(毘沙門天) 다라니

비사문천왕(毘沙門天王)은 경(經)이며 북쪽이며 개어차경(開於此經), 선시현설(宣示顯說)이며 교(敎)이며 근본 뿌리에 해당됨.

अद्दे तद्दे नद्दे वनद्दे अनडे नाश्रड कुनदि स्वाहा

Adde Tadde Nadde Vanadade Anade Nādi Kunadi Svāhā

아떼 타떼 나떼 바나떼 아나데 나디 쿠나디 스바하

아떼-부유, 타테-춤추는 이, 나떼-놀이를 조정하는 이, 바나떼-춤추는 이, 아나데-한계 없는, 나디-가난한 이, 쿠나디-어찌 부유한, 스바하-영원하라

아리 나리 노나리 아나로 나리 구나리

阿梨 那梨 㝹那梨 阿那盧 那履 拘那履

4.

विरूदक महाराज धारणि

Virupadaka Mārāja Dhārani

비루파다카 마하라자 다라니

지국천왕다라니(持國天王陀羅尼)

지국천왕(持國天王)은 법(法)이며 동쪽이며 여래일체(如來一切), 비요지장(秘要之藏)이며 체(體)이며 동쪽에서 태양이 솟는다. 법(法)이 생(生)함.

अगणे गणे गौरि गन्धलि चण्डालि मातङ्गि पुक्कसि संकुले व्रूसलि सिसि स्वाहा

Agane Gane Gauri Gandhari Candari Matangi Pukkasi

Samkule Brusali Sisi Svāhā

아가네 가네 가우리 간다리 찬다리 마탕기 푸까시 삼꿀레 브루살리

시시 스바하

아가네-무수한, 가네-유수복 여신, 가우리-백광 여신, 간다리-향을 가진 여신, 찬다리-요흑 여신, 마탕기-마등기 여신, 푸카시-몸이 큰 독 여신, 삼쿠레-독을 좇아내는 몸이 큰 여신, 브루살리-순서에 따라 설하는, 시시-진리, 스바하-영원하라

아가네 가네 구리 건다리 전다리 마등기 상구리 부루사니 알디

阿伽那 伽那 瞿利 乾陀利 全陀利 摩登耆 常求利 浮樓莎尼 斡底

5.

दश राक्षस्यः धारणि

Dasa Rāchasya Dhārani

다사 라차스야 다라니

십나찰녀다라니(十羅刹女陀羅尼)

십나찰녀(十羅刹女) 귀자모신(鬼子母神)은 묘(妙)이며 중앙이며 여래일체(如來一切), 소유지법(所有之法)이며 명(名)이며 시방세계(十方世界)의 일심(一心)이며 묘법연화경(妙法蓮華經)의 일심이다.

इति मे इति मे इति मे इति मे इति मे । निमे निमे निमे निमे निमे ।

Iti Me Iti Me Iti Me Iti Me Iti Me Nime Nime Nime Nime Nime

이티 메 이티 메 이티 메 이티 메 이티 메 니메 니메 니메 니메 니메

रुहे रुहे रुहे रुहे रुहे स्तुहे स्तुहे स्तुहे स्तुहे स्तुहे स्वाहा

Ruhe Ruhe Ruhe Ruhe Ruhe Stuhe Stuhe Stuhe Stuhe Stuhe Svāhā

루헤 루헤 루헤 루헤 루헤 스투헤 스투헤 스투헤 스투헤 스투헤 스바하

이티메-여기에 있어, 니메-무아, 루헤-이미 일어난, 스투헤-잘 간직하는

이제리 이제민 이제리 아제리 이제리 니리 니리 니리 니리 니리 루혜 루혜 루혜 루혜 다혜 다혜 다혜 도혜 노혜

伊提履 伊提泯 伊提履 阿提履 伊提履 泥履 泥履 泥履 泥履 泥履 樓醯 樓醯 樓醯 樓醯 多醯 多醯 多醯 兜醯 㝹醯

समन्तभद्र बोधिसत्त्व धारणि

Samantabhadra Bodhisattva Dhārani

사만타바드라 보디사뜨바 다라니

보현보살다라니(普賢菩薩陀羅尼)

अदण्डे दण्डपति दण्डावर्तनि दण्डकुशले दण्डसुधारभ
पति बुद्धपश्यने सर्वधारणि आवर्तनि संवर्तति संघपरीक्षि
ते संघनिर्धातनि धर्मपरीसिते सर्वसत्त्वरुतकौशल्यानुगते
सिंहविक्रीडिते अनुवर्त वर्तनि वर्तलि स्वाहा

Adande Dandapati Dandāvartani Dandakuśale
Dandasudhārapati Buddapaśyane Sarvadhārāni
Āvartani Samvartani Samghaparikshte Samghanirgatani
dharmaparisite Srvasattvarutakauśalyanugate Simhavikridite
Anuvarte Vartant Vartali Svāhā

아단데 단다파티 단다바르타니 단다쿠살레 단다수다라파티 부따파스야네 사르바다라니 아바르타니 삼바르타니 삼가파릭시테 삼가니르가타니 다르마파릭시테 사르바사뜨바루타카우살야누가테 심하비크리디테 아누바르테 바르타니 바르타니 스바하

아단데-아견을 없애고, 단다 파티-소아를 없애고, 단다 바르타니-아

방편을 넘어서, 단다 쿠살레-평화로운, 단다수다리-마음의 유연함, 수다리-행위의 유연함, 수다라 파티-원할하게 하는, 부따파스야네-부처님을 관하면, 사르바다라니 아바르타니 삼바르타니-모든 총지를 단계적으로 행하면, 삼바르타니=모두 반복시켜, 삼가파릭시테-승가의 파괴를 극복하며, 삼가니르가타니-승가의 잘못을 방지하고, 사르바 사뜨바루타 카우살야누가테-일체 중생의 소리를 깨달으면, 싱하 비크리니티-사자가 움직이는 것처럼 자유로우며, 아누바르테 바르타니-진리를 확대하다

아단지 단다바지 단다바제 단다구사례 단다수다례

阿檀地 檀陀婆地 檀陀婆帝 檀陀鳩舍隷 檀陀修陀隷

수다례 수다라바지 붓다파선네 살바다라니아바다니

修陀隷 修陀羅婆底 佛陀波羶禰 薩婆陀羅尼阿婆多尼

살바바사아바다니 수아바다니 상가바리사니

薩婆婆沙阿婆多尼 修阿婆多尼 僧伽婆履叉尼

상가열가다니 아싱기 상가바가지 제례아다상가도랴

僧伽涅伽陀尼 阿僧祇 僧伽波伽地 帝隷阿惰僧伽兜略

아라제파라제 살바상가삼마지가란지 살바달마수파리찰제

阿羅帝波羅帝 薩婆僧伽三摩地伽蘭地 薩婆達磨修波利刹帝

살바살타루타교사랴 아로가지 신아비기리지제

薩婆薩埵樓馱交舍略 阿㝹伽地 辛阿毘吉利地帝

समन्तमुखपरिवर्तः

관세음보살보문품(觀世音菩薩普門品)

용어찾기

용어찾기

가

가루다(Garuda)-금시조(金翅鳥)이며 음역으로는 가루라(伽樓羅)이며 새의 왕이다.

감로-산스크리트어로 암리타(Amrita)이며 불로불사의 성스러운 액체, 또는 정신적인 의식을 말하기도 한다.

간다르바루페나바로키테스바로(Gandharvarupenavarokitesvaro)-대자재천왕(大自在天王)

건달바(乾闥婆)-줄인 말로는 건달(乾闥) 또는 달바(闥婆)이며 산스크리트어의 간다르바(Gandharva)에서 음사한 것이다. 식향(食香)이나 심향(尋香) 또는 향음(香陰)으로 번역하였으며 인드라 신인 제석(帝釋)을 섬기며 음악을 연주하는 신(神)으로 향기만을 먹고 산다고 한다.

관음(觀音)-관음보살이며 산스크리트어로 아바로키테스바라(Avalokitesvara)이다. 자재로운 마음으로 중생을 지켜보고 이끄는 이.

관정(灌頂)-산스크리트어 비쉭테(Vishikte) 또는 아비쉭테(Avishikte)이며, 수계하여 불문에 들어갈 때 물이나 향수를 정수리에 뿌린다는 뜻.

구마라집-산스크리트어로 쿠마라지바(Kumarajiva)이며 코탄 사람이다. 현장 스님과 함께 산스크리트어 불경을 한자로 옮긴 학승.

금강(金剛)-산스크리트어로 바즈라(Vajra)이며 어떤 것에도 부서질 수 없는 가장 견고하다는 뜻이며 어떤 것에도 바뀌어지지 않는 지혜를 말한다.

금강계(金剛界)-산스크리트어로 바즈라다투(Vajradatu)이며 금강정경(金剛頂經)에 의거하여 대일여래(大日如來)의 지혜를 드러낸 부문으로, 그 지혜가 견고하여 모든 번뇌를 깨뜨리므로 금강(金剛)이라고 한다. 태장계는 여성적이며 금강계는 남성적이라고 한다.

게송(揭頌)-산스크리트어로 가타(Gatha)이며 부처님의 공덕을 찬양하는 노래나 시.

나

나가(Naga)-산스크리트어로 용(龍)을 말한다.

나마(Nama)-인도어로 귀의하다는 뜻.

다

다라니(Dharani-陀羅尼)-산스크리트어로는 신할라(Sinhala)이며 진언(眞言), 만트라, 성스러운 소리로 알려져 있다. 부처님 가르침의 핵심으로 신비한 힘을 가진 주문이며 총지(總持), 능지(能持), 능차(能遮)로 번역된다. 부처님의 가르침을 마음속에 간직하여 지니고 잊지 않게 하는 힘을 지니고 있다.

다르마(Dharma)-부처님의 가르침이나 진리 또는 법(法)을 말한다.

도솔천(兜率天)-산스크리트어로는 투쉬타(Tusita).

데바(Deva)-산스크리트어로 신(神)을 의미한다.

등정각(等正覺)-산스크리트어로는 삼먁삼부타(Samyaksambuta)이며 부처님의 열 가지 이름 중의 하나.

라

락샤니남(Rashaninam)-나찰녀(羅刹女)로 번역되며 용모가 매우 아름다우며, 큰 바다에 있는 섬에 살면서 사람을 잡아먹는다는 귀녀(鬼女).

락샤사(Rakshasa)-산스크리트어이며 나찰(羅刹)로 번역된다.

마

마이트리(Maitri)-미륵불(彌勒佛)인 마이트레야의 어원이며 사무량심(四無量心)의 자(慈)로 번역이 되는 어원.

마하(Maha)-위대한, 큰.

마하무드라(Mahamudra)-마하는 크다는 의미이며 무드라는 손으로 맺는 비밀스런 수인(手印) 또는 결인(結印)말한다. 대법인(大法印)으로 한역(漢譯)되었다. 부처님은 손뿐만 아니라, 몸으로도 깨달음의 세계를 보여 주었다. 위대한 상징을 전체로서 보여 주었다.

마누(Manu)-산스크리트어로 인간을 말한다.

마니보주-산스크리트어로 마니(Mani)는 보물의 구슬을 의미하며 또는 여의주(如意珠), 보주(寶珠)를 말함. 이 구슬은 빛나고 깨끗하여 더러운 때가 묻지 아니한다고 함. 그리고 이 구슬은 용왕(龍王)의 두뇌(頭腦) 속에서 나온 것이라 하며, 사람이 이 보배를 가지면 나쁜 것들이 해하지 못하고, 불 속에 들어가도 불에 타지 않는다고 한다.

만다라(Mandala)-인도에서 비밀수행을 할 때 악마들의 침입을 막기 위해 원형이나 방형을 그리거나 만들어 넣는 것.

만트라(Mantra)-진언(眞言)으로 번역되며 만트라는 산스크리트어로 마음의 소리이며 뜻이 있거나 뜻이 없거나 소리를 내거나 마음속으로 하거나 하여 마음을 안정시키고 본인의 몸과 마음과 생활에 변화를 준다고 하여 행하는 소리, 또는 주문(呪文).

명주(明呪)-진언 또는 만트라(Mantra)를 말한다. 성스러운 소리이며 비밀스럽게 전승하여 내려오는 것이다.

무진의대보살(無盡意大菩薩)-야크사마티 보디사뜨바 마하사뜨바(Akṣayamati Bodhisattva Mahāsattva)

바

바가반(Bhagavan)-세존(世尊), 부처님.

바이로차나 붓다(Vairocana Buddha)-산스크리트 음역이며 비로자나부처님으로 번역되며 비로자나불(毘盧遮那佛)이라고도 한다. 보통 사람의 육안으로는 볼 수 없는 광명(光明)의 부처이다. 본존불(本尊佛)이며 가장 중심되는 태양과 같다고 하여 대일여래(大日如來)라 하였다. 거대한 연꽃으로 이루어진 세계라 하여 연화장세계(蓮華藏世界)라고 하고 우주만물을 포함한 세계라고도 한다. 삼천대천세계의 교주이고 모든 곳에 드러나 있고 가득차 있다고 한다. 경전으로는 화엄경(華嚴經)의 교주이기도 하다. 비로자나불은 다양한 몸과 이름과 방편을 통하여 쉬지 않고 진리를 설하면서 일체중생을 제도한다.

범천(梵天)-산스크리트어로는 브라흐마 데바(Brahma Deva)이며 색계(色界) 초선천(初禪天)의 주인인 범천왕(梵天王)을 말한다.

법륜(法輪)-산스크리트어로는 다르마 차크라(Dharma Cakra)이며 부처님의 가르침을 전륜성왕(轉輪聖王)이 가지고 있는 진리의 바퀴를 돌리는 보물을 말한다.

벽지불(辟支佛)-산스크리트어로는 프라트예카 붓다(Pratyeka Buddha)이며 그 뜻은 다른 이의 가르침에 의하지 않고 스스로 깨달은 이를 말하는데, 한역으로는 독각(獨覺)이라고 번역된다.

불세존-바가바테(Bhagavate)를 말하며 다른 말로는 바가반(Bhagavan)이란 산스크리트어로 성스러운, 성자를 말한다.

비자야(Vijaya)-승리하다.

보살(菩薩)-산스크리트어로 보디사트바(Bodhisattva)이며 깨달음의 지혜라는 뜻이다. 나와 다른 이 또는 중생을 동시에 발전시키고 구한다는 마음을 지닌 대승불교의 핵심 사상을 실천하고 중생을 다 구원할 때까지 자신은 이 세상에 남아 중생을 이끈다는 사상을 가진 이.

사

사라수(沙羅樹)-산스크리트어로는 사라브륵사(Sarabkrsha)이며 강하고 본질적인 나무라는 뜻을 가지고 있다. 이 나무 밑에서 부처님이 깨달음을 얻고 또 열반을 하였다고 한다.

사따르마(Saddharma)-법, 진리, 정의.

사무량심(四無量心)-불교의 가르침 중에 가장 중요한 4가지의 가르침인데 자비희사(慈悲喜捨)인 마이트리(Maitri), 카루나(Kauna), 무디타(Mudhita), 우페크샤(Upeksha)를 말하며 나와 다른 이를 동시에 발전시킨다는 덕목이다.

사바하(Savaha)-산스크리트어로 스바하(Svaha)이며 반야심경의 마지막 후렴구로 유명한데 뜻은 영원하다는 것과 존재하다라는 뜻을 가지고 있다.

사성제(四聖帝)-산스크리트어로 차트바리 아르야사트야니(Catvari Aryasatyani)이며 불교의 네 가지 진리.

사캬무니(Skyamuni)-한자로 석가모니(釋迦牟尼)로 음역되며 석가족의 성자라고 한다. 나중에 수행을 하여 깨달음을 얻어 부처 또는 붓다가 되었다.

삼계(三界)-산스크리트어로 트라요 다타바(Trayo Dhatava)이며 모든 중생들이 이 3개의 세계를 돌며 윤회한다고 한다. 욕계(欲界), 색계(色界), 무색계(無色界)를 말한다.

삼독(三毒)-삼독이란 탐욕(貪慾)인 탐(貪)이며 산스크리트 로바(Lobha)이며, 진에(瞋恚)인 성냄·진(瞋)이며, 산스크리트어로 도사(Dosa)와 우치(愚癡)·어리석음인 모하(Moha)를 가리킨다.

삼매(三昧)-산스크리트어로는 사마디(Samadhi)를 말하며 편안하고 집중되어 하나로 되어 마음이 흔들리지 않는 고요한 상태에 드는 것을 말한다.

삼보(三寶)-산스크리트어로는 트리라크나(Triratna)이며 불교의 핵심이며 세 가지의 보물인데 첫째는 부처님(佛)인 붓다(Buddha)이고 둘째는 부처님의 가르침(法)인 다르마(Dharma)이며 세 번째는 승단(僧團)인 상가(Sangha)로 스님들의 공동체를 말한다.

선남자(善男子)-산스크리트어로는 쿨라푸트라(Kulaputra)이며 부처님의 가르침에 신심을 가지고 수행하는 남자 불제자를 가리킴. 청신사(淸信士)라고도 번역함.

선여인(善女人)-산스크리트어로는 쿨라두히타(Kuladuhita)이며 부처님의 가르침에 신심을 가지고 수행하는 여자 불제자를 가리킴. 청신녀(淸信女)라고도 번역함.

성문(聲聞)-산스크리트어로는 프라트예카부따루페나 스라바카(Sravaka)이며 소리를 듣는 사람이라는 뜻으로 부처님 가르침을 듣고 깨닫는 이를 말한다.

세간(世間)-산스크리트어로는 로카(Loka) 즉 세계를 말한다.

세존(世尊)-산스크리트어로는 바가반(Bhagavan) 또는 바가바트(Bhagavat)이며 성스러운 이라고 한다. 부처님 또는 여래(如來)의 10가지 이름 중의 하나이다. 세상에서 가장 높은 이 또는 존경받는 이를 말한다.

승가(僧家)-산스크리트어로는 삼가(Samgha)를 말하며 불교의 세 가지 보물이라 해서 삼보(三寶) 중의 하나이며 스님들의 공동체인 승단(僧團)을 말한다.

수트라(Sutra)-경전(經典)이라고도 해석이 되며 성스러운 말을 말하기도 한다.

수미산(須彌山)-산스크리트어로 메루(Meru) 또는 수메루(Sumeru)라고 하며 우주의 중심에 있는 산이라고도 한다.

싯담(Sidham)**어**-산스크리트의 변형된 언어로서 중국과 한국과 일본에서 경전에 많이 쓰여졌다.

십이인연(因然)-부처님이 깨우친 12가지의 미혹 세계의 인과관계.

십일면관음-산스크리트어로 에카다사무카(Ekādaśamukha)이며 11개의 얼굴의 가진 관음보살.

아

아그니(Agni)-불의 신이며 리그베다 첫 절에 나오는 신이다.

아귀(餓鬼)-산스크리트어로는 프레타(Preta)를 말하며 전생에 악업을 짓고 탐욕을 부린 자가 아귀로 태어나 괴로워한다는 것. 3가지의 아귀가 있는데 아무것을 먹을 수 없는 아귀가 있으며 고름과 피를 먹는 아귀가 있으며 사람이 남긴 것이나 주는 것만 먹을 수 있는 아귀를 말한다.

아라한(Arahan)-산스크리트어로 아라하트이며 응공(應供), 불생(不生), 무생(無生)이며 최고의 깨달음을 얻은 이를 말한다.

암리타(Amrita)-불사(不死)의 감로수.

아수라(Asura)-산스크리트어로 아수라는 전쟁을 일삼는 귀신이며 투쟁적인 악신으로 알려져 있다.

야마(Yama)천-불교의 우주관에서 설정한 욕계(欲界)의 6천(天) 가운데 제3천이며 수미산 꼭대기에 있는 도리천(忉利天) 위의 공간상에 위치한다. 수야마천(須夜摩天) 또는 염마천(焰摩天)이라고도 한다.

아바로키테스바라(Avalokitesvara)-관세음보살(觀世音菩薩).

야크사바이네야남(Yakṣavaineyānāṁ)-비사문(毘沙門).

야차(夜叉)-산스크리트어로는 약사(Yaksa)이며 위덕(威德), 포악(暴惡)하다는 것으로 번역되었다.

여래(如來)-산스크리트어로 타타가타(Tathagata)를 말하며 타타는 언제나 또는 여실(如實), 진실이며 가타는 가다 또는 오다, 도달하다는 뜻이 있다. 진리에 도달한 사람을 말한다. 진여(眞如)에서 나타났고 진리이며 위없는 무상(無上)의 부처님을 말하며 부처님의 10가지 이름 중의 하나.

여의보주(如意寶珠)-산스크리트어로 마니(Mani)이며 불교에서 말하는 신묘한 구슬. 이것을 가지면 원하는 대로 뜻이 이루어진다고 하는 것.

연기(緣起)-산스크리트어로 프라티트야 삼무트파다(Pratitya Sammutpada이다. 프라티트야는 "연결되어 일어난다"이며, 삼은 "결합하다"이며 우트파다는 "일어난다"는 뜻이다. 전체적으로 "말미암아 일어난다"는 뜻이다. 많은 조건과 원인이 연결되어 결과를 만들어내어 원인 없는 결과는 없다는 가르침.

열반(涅槃)-산스크리트어로 니르바나(Nirvana)를 말하며 해탈(解脫) 또는 적멸(寂滅)을 말한다. 완전히 번뇌의 불이 꺼져 깨달음을 완성한 경지.

외도(外道)-산스크리트어로는 티르타카(Tirtaka)이며 인도에 있어서의 불교 이외의 가르침을 말하였다.

응공(應供)-산스크리트어로 아라한(Arahan)이며 깨달은 이.

이구양원(二求兩願)-복과 덕과 사리에 밝은 지혜로운 아들과 단정하고 바르고 모양이 아름다운 딸을 낳기를 원하는 즉 둘 다를 구한다고 하여 이구양원(二救兩願)이라고 한다. 그러나 훌륭한 아들과 딸을 낳기를 바란다고 해석하기보다는 아들은 지혜를 상징한 것이고 딸은 자비를 상징한 것이므로, 지혜와 자비를 완성하기를 바란다는 것이기도 하다.

인드라 신-산스크리트어로는 인드라(Indra)이며 제석천(帝釋天)을 말하며 인도 신화에서 가장 뛰어난 신이다. 비와 천둥과 번개를 관장하며 아수라(阿修羅)나 악마들과 싸워 인류를 보호하는 신으로 알려져 있다.

자

자재천왕(自在天王)-이 자재천왕은 타화자재천왕(他化自在天王)과 같은 의미이다.

전륜성왕(轉輪聖王)-산스크리트어로 차크라바리티라자(Cakravartiraja)이며 고대 인도의 사상에서 말하는 이상적인 군주상으로, 지상을 무력이 아닌 정법(正法)으로 전 세계를 통치하는 왕을 말한다.

정등각자(正等覺者)-산스크리트어로 삼먁삼붓다(Samyaksam Buddha)이다.

주문(呪文)-진언 또는 만트라(Mantra)를 말하며 반복적으로 실천함으로 마음을 안정시키는 단어.

제석천왕(帝釋天王)-사크로데반드라(Sakrodevandra)이며, 십이천의 하나이다. 수미산 꼭대기에 있는 도리천(忉利天)의 임금이며 불교의 수호신으로 고대 인도의 신 인드라(Indra)를 수용한 것이다.

차

천수천안관세음보살(千手千眼觀世音菩薩)-산스크리트어로 사하스라부자 아바로키테스바라(Sahasrabhuja avalokitesvara)이며 천 개의 손과 눈을 가지고 중생을 보호한다는 관세음보살을 말한다.

총지(總持)-산스크리트어로 다라니(Darani)이며 집중을 말하며 또한 위대하여 언제나 고귀하여 잊어버리지 않고 간직하는 것.

천녀(天女)-산스크리트어로는 데바칸야(Devakanya)이며 천상에 사는 여인이며 색계와 무색계가 끊어졌으므로 남녀 구분이 없을 정도이다.

칠구지불모(七俱胝佛母)-산스크리트어로는 사프타코티부따(Saptakotibuddha)를 말하며 준제관음(准提觀音)을 말하며 관음보살의 무변광대한 덕을 말한다.

칠난(七難)-법화경에 나오는 일곱 가지 재난. 화난, 수난, 나찰난, 왕난, 귀난, 가쇄난, 원적난을 이른다.

카

카루나(Karuna)-자(慈) 또는 자비(慈悲)를 말한다.

크리쉬나(Krishna)-인도의 비쉬누(Vishnu) 신의 8번째 화신으로 알려져 있다.

타

태장계 만다라(胎藏界曼荼羅)-산스크리트어로는 가르바다투 만다라(Gharbadatu Mandala)이며 절대의 신 대일여래(大日如來)를 기초로 하였다. 여래(如來)의 보리심(菩提心) 및 대비심(大悲心)을 태아를 양육하는 모태에 비유하여, 이로부터 세계가 현현(顯現)되며, 실천적으로는 이를 증득(證得)하는 과정을 상징적으로 표현한 세계를 말한다. 태장계 만다라가 여성적이라면 금강계 만다라(金剛界曼荼羅)는 남성적이라고 볼 수가 있다. 금강계 만다라와 양대산맥을 이룬다.

타화자재천(他化自在天)-산스크리트어로는 파라니르미타(Paranirmita)이며 여기에 태어난 자는 다른 이의 즐거움을 자유로이 자기의 즐거움으로 느낄 수 있음.

파

파드메(Padme)-연꽃을 말한다.

프라트예카부따루페나(Pratyekabuddha)-산스크리트어를 해석하면 벽지불(辟支佛) 또는 독각(獨覺) 또는 연각(緣覺)이며 스스로 깨달음 얻은 수행자를 말함.

푼다리카(Pundarika)-연꽃.

풍천(風天)-산스크리트어로 마루타(Maruta)이며 바람의 신이다. 대풍천(大風天)은 마하 마루타(Maha Maruta)로 번역된다.

하

하스타(Hasta)-코끼리.

허공장보살(虛空藏菩薩)-산스크리트어로 아카사가르바 보디사뜨바(Ākāśagarbha bodhisattva)이며 자비(慈悲)와 지혜(智慧)가 허공(虛空)과 같이 광대한 보살이다. 허공장보살은 연화좌(蓮華座)에 앉아, 머리에는 다섯가지의 지혜를 가졌으며 왼손은 복덕을 주는 연꽃을 들고 있다. 허공장보살은 지혜를 주는 보살이다.

현장(玄奘) **스님**-당나라 시대의 많은 산스크리트 불교경전을 한역한 최고의 학승.

समन्तमुखपरिवर्तः

관세음보살보문품(觀世音菩薩普門品)
산스크리트 발음

산스크리트 발음

모음

अ	A
आ	Ā(길게)
इ	I
ई	Ī(길게)
उ	U
ऊ	Ū(길게)
ऋ	Ṛi
ॠ	Ṛī(길게)
ऌ	Ḷi
ए	E
ऐ	AI
ओ	O
औ	AU
अं	AM(주로 ㅁ 또는 ㄴ받침)

अः AH

자음

1. 후음 कka खkha गga घgha ङṅa

2. 구개음 चcha छchha जja झjha ञña यya शśa

3. 반설음 टṭa ठṭha डḍa ढḍha रra षsha

4. 치음 तta थtha दda धdha नna लla सsa

5. 순음 पpa फpha बba भbha मma वva

6. 기음 हha

<참고>

이 책에 발음된 산스크리트어에서

‘모음’

A와 Ā는 모두 ‘아’로,

I와 Ī는 모두 ‘이’로,

U 와 Ū는 모두 ‘우’로,

Ṛi와 Ṛī는 모두 ‘리’로 표기하였으며,

‘자음’

ka와 kha 발음은 모두 ‘카’로 표기하였으며

ga와 gha 발음은 모두 ‘가’로,

ja와 jha 발음은 모두 ‘자’로,

ta와 tha, ṭa와 ṭha 발음은 모두 ‘타’로,

cha와 chha 발음은 모두 ‘차’로,

da와 dha, ḍa와 ḍha 발음은 모두 ‘다’로,

pa와 pha 발음은 모두 ‘파’로,

ba와 bha와 va 발음은 모두 ‘바’로,

s와 śa 발음은 모두 ‘사’로, sha 발음은 ‘샤’로 표기하였다. 그리고

Na와 ña 발음은 모두 ‘나’로, ṅa 발음은 주로 ‘ㅇ’ 받침으로 표기하였다.

समन्तमुखपरिवर्तः

관세음보살보문품(觀世音菩薩普門品)
독송

사만타무카파리바르타흐

아타 칼루 아크사야 마티 보디사뜨보 마하사뜨바 우따야사나데캄삼우따 라상감 크르트바 다크시남 자누만다람 프리티브얍 프라티스차프야 예나 바가밤스테나안잘림 프라남야 바가반타메타다보차트 케나 카라네나 바 가반 아바로키테스바로 보디사뜨보 마하사뜨보 아바로키테스바라 이트 유츠야테 에바무크테 바가바나크사야마팀 보디사뜨밤 마하사뜨바메타 다보차트 이하 쿨라푸트라 야반티 사뜨바코티나유타사하스라니 야니 두 카니 프라트유아누바반티, 타니사체다 아바로키테스바라스야 보디사뜨 바스야 마하사뜨바스야 나마데얌 스르누유흐, 테 사르바 타스마드 두후 카스칸다드 파리무츠예란
예 차 쿨라푸트라 사뜨바 아바로키테스바라스야 보디사뜨바스야 마하사뜨바스야 나마데얌 다라이스얀티, 사체떼 마하트야그니스칸데프라파테유흐, 사르베 테 아바로키테스바라스야 보디사뜨바스야 마하사뜨바스야 테자사타스만마하토아그니스칸다트 파리무츠예란 사체트 푸나흐 쿨라푸트라 사뜨바 나디비루흐야마나 아바로키테스바라스야 보디사뜨바스야 마하사뜨바스야크란담 쿠르유흐, 사르바스타나드야스테삼 사뜨바남 가담 다드유흐 사제트 푸나흐 쿨라푸트라 사가라마드흐예 바하나비루다남 사뜨바코티나유타사타사하스라남 히란야수바르남 아니 무크타바즈라 바이두르야산카시라 프라바라스마가르바 가르바무사라갈바로히타무크타 디남 크르타니디남 사 포타스테

삼 카리카바테나 라크사시드비페 크시프타흐 스야트, 타스밈스차 카스치데바이카흐 사뜨바흐 스야트 요 아바로키테스바라스야 보디사뜨바스야 마하사뜨바스야크란담 쿠르야트, 사르바 테 파리무츠예람스타스마드 라크사시드비파트 아네나 칼루 푸나흐 쿨라푸트라 카라네나 아바로키테스바로 보디사뜨보 마하사뜨보 아바로키테스바라 이티 삼갸야테

사체트 쿨라푸트라 카스치데바 바드요트스르스토 아바로키테스바라스야 보디사뜨바스야 마하사뜨바스야 크란담 쿠르야트 타니 테삼 바드야가타카남 사스트라니 비키르예란 사체트 칼루 푸나흐 쿨라푸트라 아얌 트리사하스라마하사하스로 로카다투르아크사라크사사이흐 파리푸르노 바베트 테 아바로키테스바라스야 마하사뜨바스야 나마데야그라하네나 두스타치따 드라스투마프야사크타흐 스유흐 사체트 칼루 푸나흐 쿨라푸트라 카스치데바 사뜨보 다르바야스마야이르하디니가다반다나이르바뜨호 바베트 아파라드흐야나파라디 바 타스야바로키테스바라스야 보디사뜨바스야 마하사뜨바스야 나마드헤야그라하네나 크쉬프람 타니 하디니가다반가나니 비바라마누프라야짠티 이드르사흐 쿨라푸트라 아바로키테스바라스야 보디사뜨바스야 마하사뜨바스야 프라바바흐

사제트 쿨라푸트라 아얌 트리사하스라마하사하스로 로카다투르 두르타이라이스차우라이스차 사스트라파니비흐 파리푸르노 바베트 타스밈스차이카흐 사르타바호 마한탐 사르탐 라트나드흐야마나르드흐

얍 그르히트바 가짜트 테 가짠타스탐스차우란 두르탄 사트룸스차 사스트라하스탄 파스예유흐 드르스트바 차 푸나르비타스트라스타 아사라나마트마남 삼자니유흐 사 차 사르타바하스탑 사르타메밤 브루야트 마 바이스타 쿨라푸트라흐 마 바이스타 아바얍다담 아바로키테스바람 보디사뜨밤 마하사뜨밤 에카스바레나 사르바 사마크란다드밤 타토 유야마스마짜우라바야다 미트라바야트 크쉬프라메바 파리모크스야드흐베 아타 칼루 사르바 에바 사 사르타흐 에카스바레나 아바로키테스바라마크란데트 나모 나마스타스마이 아바얍다나야바로키테스바라야 보디사뜨바야 마하사뜨바예티 사하나마그라하네나이바 사 사르타흐 사르바바예브야흐 파리무크토 버베트 이드르사흐 쿨라푸트라 아바로키테스바라야스야 보디사뜨바스야 마하사뜨바스야 프라바바흐

예 쿨라푸트라 라가차리타흐 사뜨바흐 테 아바로키테스바라야스야 보디사뜨바스야 마하사뜨바스야 나마스카람 크르트바 버가타라가 바반티 예 드베사차리타흐 사뜨바흐 테 아바로키테스바라야스야 보디사뜨바스야 마하사뜨바스야 나마스카람 크르트바 비가타데사 바반티 예 모하차리타흐 사뜨바흐 테 아바로키테스바라야스야 보디사뜨바스야 마하사뜨바스야 나마스카람 크르트바 비기타모하 바반티 에밤 마하르띠카흐 쿨라푸트라 아바로키테스바로 보디사뜨바스보 마하사뜨바흐

야스차 쿨라푸트라 아바로키테스바라야스야 보디사뜨바스야 마하사

뜨바스야 푸트라카모 마트르그라모 나마스카르맘 카로티 타스야 푸트라흐 프라자야테 아비루파흐 프라사디코 드라사니야흐 푸트라라크사나사만바가토 바후자나프리요 마나포 아바로피타쿠사라무라스차바바티 요 다리카마비난다티 타스야 다리카 프라자야테 아비루파 프라사디카 다리사니야 파라마야 수바바르나푸쉬카라타야 사만바가타다리카 라크사나사만바가타 바부자나프리야 마나파 아바로피타쿠사라부라 차 바바티 이드르사흐 쿨라푸트라 아바로키테스바라야스야보디사뜨바스야 마하사뜨바스야 프라바바흐

예차 쿨라푸트라 아바로키테스바라야스야 보디사뜨바스야 마하사뜨바스야 나마스카람 카리스얀티 나마드헤얌 차 다라이스얀티, 테삼아모가파팔람 바바티 야스차 쿨라푸트라 아바로키테스바라야스야 보디사뜨바스야 마하사뜨바스야 나마스카람 카리스얀티 나마드헤얌 차다라이스얀티 야스차 드바사스티남 강가나디바리카사마남 부따남 바가바탐 나마스카람 쿠르야트 나마드헤야니 차 다라예트 야스차 타바타메바 부따남 바가바탐 티스타탐 드흐리야탐 야파야탐 치바라핀다파타사야나 사나그라나 프라트야야바이 사즈야파리스카라이흐 푸잠쿠르야트 타스킴 만야세 쿨라푸트라 키얀탐 사 쿨라푸트로 바 쿨라두히타 바 타토니다남 푼야비삼카람 프라사베트 에바무크테 아크사야마티르보디사뜨보 마하사뜨보 바가반타메타다보차트 바후 바가밤 바후 수가타 사 쿨라푸트로 바 쿨라두히타 바 타토니다남 바훔 푼야비삼스카람 프라사베트 바가바나하 야스카 쿨라푸트라 타바탐 부따남

바가바타 사트카람 크르트바 푼야비삼스카라흐 야스차 아바로키테스바라야스야 보디사뜨바스야 마하사뜨바스야 안타사 에캄아피 나마스카람 쿠르야트 나마드헤얌 차 다라예트 사모아나디코아나티레카흐 푼야비삼스카라흐 우바야토 바베트 야시카 테삼 드바사스티남 강가나디바리카사마남 부따남 바가바탐 사트카람 쿠르야트 나마드헤얌 차 다라예트 야스차 아바로키테스바라야스야 보디사뜨바스야 마하사뜨바스야 나마스카람 쿠르야트 나마드헤얌 차 다라예츠 에타부바우 푼야스칸다우 나 수카라우 크사파이툼 칼파코티나유타사타스라이라피 에바마프라메얌 쿨라푸트라 아바로키테스바라야스야 보디사뜨바스야 마하사뜨바스야 나마다라나트 푼얌
아타 칼바크사야마티르보디사뜨보 마하사뜨보 바가반타메타다보차트 카탐 바가반 아바로키테스바로 보디사뜨보 마하사뜨보 아스얌 사하얌 로카다타우 프라비차라티 카탐 사뜨바남 다르맘 데사야티키드르사스차바로키테스바라스야 보디사뜨바스야 마하사뜨바스요파야카우살야비스야흐 에바무크테 바가바나크사야마팀 보디사뜨밤 마하사뜨바메타다보차트 산티 쿨라푸트라 로카다타바흐 예스바바로키테스바로 보디사뜨보 마하사뜨보 부따루페나 사뜨바남 다르맘 데사야티 산티 로카다타바흐 예스바로키데스바로 보디사뜨보 마하사뜨보보디사뜨바루페나 사뜨바남 다르맘 데사야티 케삼치트 프라트예카부따루페나 아바로키테스바로 보디사뜨보 마하사뜨바흐 사뜨바남 다르맘 데사야티 케삼치쯔흐라바카루페나 아바로키테스바로 보디사뜨보 마하

사뜨바흐 사뜨바남 다르맘 데사야티 케삼치드 브라흐마루페나바로키테스바로 보디사뜨보 마하사뜨바흐 사뜨바남 다르맘 데사야티 케삼치짜크라루페나바로키테스바로 보디사뜨보 마하사뜨바흐 다르맘 데사야티 케삼치드 간다르바루페나바로키테스바로 보디사뜨보 마하사뜨바흐 사뜨바남 다르맘 데사야티 케삼치드 간다르바루페나바로키테스바로 보디사뜨보 마하사뜨바흐 사뜨바남 다르맘 데사야티 야크사바이네야남 사뜨바남 야크사루페나 다르맘 데사야티이스바라바이네야남 사뜨바나미스바라루페나 마헤스바라바이네야남 사뜨바남 마헤스바라루페나 다르맘 데사야티 차크라바리티라자바이네야남 사뜨바남 차크라바르티라자루페나 다르맘 데사야티 피사차바이네야남 사뜨바남 피사차루페나 다르맘 데사야티 다르맘 데사야티 바이스라바나바이네야남 사뜨바남 바이스라바나루페남 다르맘 데사야티세나파티바이네야남 사뜨바남 세나파티루페나 다르맘 데사야티 브라흐마나바이네야남 사뜨바남 브라흐마나루페나 다르맘 데사야티 바즈라파이니바이네야남 사쯔바남 바즈라파니루페나 다르맘 데사야티 에밤아친트야구나사만바가타흐 쿨라푸트라 아바로키테스바로 보디사뜨보 마하사뜨바흐 타스마따르히 쿨라푸트라 아바로키테스바람 보디사뜨밤 마하사뜨밤 푸자야드흐밤 에사 쿨라푸트라 아바로키테스바로 보디사뜨보 마하사뜨보 비타남 사뜨바나마바얌 다다티 아네나 카라네나 아바얌다다 이티 삼갸야테 이하 사하얌 로카다타우

아타 칼바크사야마트리르보디사뜨보 마하사뜨보 바가반타메타다보

차트 다스야모 바얌 바가반 아바로키테스바라야 보디사뜨바야 마하사뜨바야 다르마프라브르탐 다르마짜담 바가바나하야스예다님 쿨라푸트라 카람 만야세 아타 칼바크사야마이트리보다사뜨보 마하사뜨바흐 스바칸타다바르타야 사타사하스라무르얌 무크타하라마바로키테스바라야 보디사뜨바야 마하사뜨바야 다르마짜다마누프라야짜티 스마 프라티짜 사트푸루사 이맘 다르마아짜담 마만티카트 사 나 프라티짜티 스마 아타 칼바크사야마티르보디사뜨보 마하사뜨보 아바로키테스바람 보디사뜨밤 마하사뜨바메타다보차트 프라티그르하나 트밤 쿨라푸트라 이맘 무크라하라마스마카마누캄파무파다야 아타 칼바바로키테스바로 보디사뜨보 마하사뜨보 아크사야마테르보디사뜨바스야 마하사뜨바스얀티카트 탐 무크타하람 프라티그르흐나티 스마 아크사야마테르보디사뜨바스야 마하사뜨바스야누캄파무파다야 타삼 차 차타스르남 파르사담 테삼 차 데바나가야크사간다르바수라가루다킨나가마호라가마누스야마누스야나마누 캄파무파다야 프라티그르흐야 차 드바우 프라트얌사우 크르타반 크르트바 차이캄 프라트얌삼 바가바타흐 사캬무나예 다다티 스마 드비티얌 바가바타흐 프라부타라트나스야 타타가타스야르하타흐 삼야크삼부따스야 라트나스투페 사무파나마야야사 이드르스야 쿨라푸트라 비쿠르바야 아바로키테스바로 보디사뜨보 마하사뜨보 아스얌 사하얌 로카다타바누비차라티 아타 칼루 바가밤스타스얌 벨라야미마 가타 아바사타

치트라드바자 아크사요마티
에타마르탐 파리프리치 카라나트
케나 지나푸트라 헤투나
우츠야테 히 아바로키테스바라흐

아타 사디사타 비로키야
프라니디사가루 아크사요마티
치트라드바조 아드야바사타
스르누 차르야마발로키테스바레

칼파사타 네카코트야친티야
바후부따나 사하스라코티비흐
프라니다나 야타 비소티탐
스타타 스르느바히 마마 프라데사타흐

스라바노 아타 다르사노 아피 차
아누푸루팜 차 타타 아누스므르티흐
바바티하 아모가 프라니남
사르바두흐카바소카나사카흐

사치 아그니카다야 파타예드

가타나르타야 프라두스타마나사흐
스마라토 아바로키테스바람
아비시크토 이바 아그니 삼야티

사치 사가라두르기 파타옌
나가마카라수라 부타아라예
스마라토 아바로키테스바람
잘라라제 나 카다치시다티

사치 메루탈라투 파타예드
가타나르타야 프라두스타마나사흐
스마라토 아바로키테스바람
수르야부토 바 나베 프라티스타티

바즈라마야 파르바토 야디
가타나르타야 히 무르드니 오사레트
스마라토 아바로키테스바람
로마쿠파 나 프라본티 힘시툼

사치 사트루가나이흐 파리브르타흐
사스트라하스타이르비힘사체타사이흐

스마라토 아바로키테스바람
마이트라치따 타다 본티 타트크사남

사치 아가타네 우파스티토
바드야가타나바삼가토 바베트
스마라토 아바로키테스바람
칸다칸다 타다 사스트라 가찌유흐

사치 다루마야이라요마야이
르하디니가다이리하 바따반다나이흐
스마라토 아바로키테스바람
크시프라메바 비파타니 반다나

만트라 발라 비드야 오사디
부타 베타라 사리라나사카
스마라토 아바로키테스바람
탄 가짠티 야타흐 프라바르티타흐

사치 오자하라이흐 파리브르토
나가야크사수라 부타라크사이흐
스마라토 아바로키테스바람

로마쿠파 나 프라본티 힘시툼

사치 브야라므르가이흐 파리브르타
스티크스나 담스트라 나카라이르 마하바야이흐
스마라토 아바로키테스바람
크시프라 가짠티 디사 아난타타흐

사치 드르스티비사이흐 파리브르토
즈바라 나르치시키 두스타다루나이흐
스마라토 아바로키테스바람
크시프라메바 테 본티 니르비사흐

감비라 사비드유 니스차리
메가바즈라사니 바리프라스라바흐
스마라토 아바로키테스바람
크시프라메바 프라사만티 타트크사남

바후두흐카 사타이 루파드루탄
사뜨바 드르스트바 바후두흐카피디탄
수바갸나나바로 비로키야
테나 트라타루 가제 사데바케

르띠히바라파라민가토

비푸라갸나 우파야시크시타흐

사르바트라 다사띠시 자게

사르바크세트레수 아세사 드르스야테

예 차 아크사나두르가티 바야

나라카티르야그야마스야 사사네

자티자라브야디피디타

아누푸르밤 프라사만티 프라니남

아타 칼루 아크사마티르흐리쉬타투쉬타마나 이마 가타 아바사타

수바로차나 마이트라로차나

프라갸갸나비시스타로차나

크르파로차나 수따로차나

프레마니야 수무카 수로차나

아마라마라니르마라프라바

비티미라갸나디바카라프라바

아파흐르타닐라즈바라프라바

프라타판토 자가티 비로차세

크르파사드구나마이트라가르지타
수바구나 마이트라마나 마하가나
크레사그니 사메시 푸라니남
다르마바르삼 암리탐 프라바르사시

카라헤 차 비바다비그라헤
나라삼그라마가테 마하바예
스마라토 아바로키테스바람
프라가메야 아리삼가 파파카

메가스바라 둔두비스바로
잘라다라가르지타 브라흐마수스바라흐
스바라만다라파라밈가타흐
스마라니요 아바로키테스바라흐

스마라타 스마라타 사 칸크사타
수따사뜨밤 아바로키테스바람
마라네 브야사네 우파드라베
트라누 보티 사라남 파라야남

사르바구나스야 파라밈가타흐

사르바사뜨바크르파마이트라로차노
구나부타 마하구노다디
반다니요 아바로키테스바라호

요아사우 아누캄파코 자게
부따 베스야티 아나가테아드바니
사르바두흐카바야소카나사캄
프라나마미 아바로키테스바람

로케스바라 라자나야코
비쿠수다르마카루 로카푸지토
바후칼파사탐스차리트바 차
프라프투 보디 비라잠 아누따람

스티타 다크시나바마타스타타
비자얀타 아미타바나야캄
마요파마타 사마디나
사르바크쉐트레 지나 가트바 푸지수

디시 파스치마타흐 수카까라
로카다투 비라자 수카바티

야트라 에사 아미타바나야카흐
삼프라티 티스타티 사뜨바사라티흐

나 차 이스트리나 타트라 삼바베
나피 차 마이투나다르마 사르바사흐
우파파두카 테 지노라사흐
파드마가르베수 니산나 니르마라흐
소 차이바 아미타바나야카흐
파드마가르베 비라제 마노라메
심하사니 삼니산나코
사라라조 바 야타 비라자테

소아피 타라 로카나야코
야스야 나스티 트리바베스미 사드르사흐
얀메 푼야 스타비트바 삼치탐
크시프라 보미 야타 트밤 나로따마

아타 칼루 다라님다로 보디사뜨보 마하사뜨바 우따야사나데캄삼우따라상감 크르트바 다크시남 자누만다람 프리티브얍 프라티스차프야 예나 바가밤스테나안잘림 프라남야 바가반타메타다보차트 나 테 바가반 사뜨바흐 아바라케나 쿠사라무레나 사만바가타 바비스얀티, 예 아바로키테스바라야 보디사뜨바스야 마하사뜨바스예맘 다르마파르야 야파리바르탐 스로스얀티 아바로키테스바라스야 보디사뜨바스야 마하사뜨바스야 비쿠르바니르데삼 사만타무카파리바르팀 나마 아바로키테스바라스야 보디사뜨바스야 비쿠르바나프라티하르얍 아스민 칼루 푸나흐 사만타무카파리바르테 바가바타 니르데스야마네 타스야흐 파르사다스차투라시티남 프라니사라스라나마사마사마야마누타라얍 삼약삼보다우 치딴유트판난야부반

이티 스리사따르마푼다리케 다르마파르야예 사만타무카파리바르토 나마바로키테스바라 비쿠르바나니르데사스차투르비사티마흐

사따르마푼다리카수트라 다라니

1.

안예 만예 마네 마마네 치테 차리테 사메 사미타 비산테 묵테 묵크타 타메 사메 아비사메 사마사메 자예 크사예 아크사예 아크시네 산테 사미테 다라니 아로카바세 프라트야베크사니 니디루 아브얀타라니비스테 아비얀타라파리수띠무트쿨레 아라데 파라데 수캉크시 아사마사메 붓다비로키테 다르마파리크시테 삼가니르고사니 니르고니 바야바야비소다니 만트레 만트라크사야테 루테 루타카우살예 아크사예 아크사야바나타예 바쿨레 바로드라 아만야나타예 스바하

2.

즈발레 마하 즈발레 우께 투께 무께 아데 아다바티 느르트예 느르트야바티 이띠니 비띠니 치띠니 느르트야니 느르트야바티 스바하

3.

아떼 타떼 나떼 바나떼 아나데 나디 쿠나디 스바하

4.

아가네 가네 가우리 간다리 찬다리 마탕기 푸까시 삼꿀레 브루살리 시시 스바하

5.

이티 메 이티 메 이티 메 이티 메 이티 메 니메 니메 니메 니메 니메 루헤 루헤 루헤 루헤 루헤 스투헤 스투헤 스투헤 스투헤 스투헤 스바하

사만타바드라 보디사뜨바 다라니

아단데 단다파티 단다바르타니 단다쿠살레 단다수다라파티 부따파스야네 사르바다라니 아바르타니 삼바르타니 삼가파릭시테 삼가니르가타니 다르마파릭시테 사르바사뜨바루타카우살야누가테 심하비크리디테 아누바르테 바르타니 바르타니 스바하

관세음보살보문품(觀世音菩薩普門品)

이시 무진의보살 즉종좌기 편단우견 합장향불 이작시언

세존 관세음보살 이하인연 명관세음 불고 무진의보살

선남자 약유무량 백천만억중생 수제고뇌 문시관세음보살 일심칭명

관세음보살 즉시 관기음성 개득해탈

약유지시 관세음보살명자 설입대화 화불능소 유시보살 위신력고

약위대수소표 칭기명호 즉득천처

약유백천만억중생 위구금은 유리 자거 마노 산호 호박 진주 등보

입어대해 가사흑풍 취기선방 표타나찰귀국 기중 약유내지일인

칭관세음보살명자 시제인등 개득해탈 나찰지난 이시인연 명관세음

약부유인 임당피해 칭관세음보살명자

피소집도장 심단단괴 이득해탈

약삼천대천국토 만중야차나찰 욕래뇌인 문기칭 관세음보살명자

시제악귀 상불능이악안시지 황부가해 설부유인 약유죄

약무죄 추계가쇄 검계기신 칭관세음보살명자

개실단괴 즉득해탈

약삼천대천국토 만중원적 유일상주 장제상인 재지중보 경과험로

기중일인 작시창언

제선남자 물득공포 여등 응당일심 칭관세음보살명호

시보살 능이무외 시어중생 여등 약칭명자 어차원적 당득해탈

중상인문 구발성언 나무관세음보살 칭기명고 즉득해탈

무진의 관세음보살마하살 위신지력 외외여시

약유중생 다어음욕 상념공경 관세음보살 변득이욕

약다진에 상념공경 관세음보살 변득이진

약다우치 상념공경 관세음보살 변득이치

무진의 관세음보살 유여시등 대위신력 다소요익 시고 중생 상응심념

약유여인 설욕구남 예배공양 관세음보살 변생복덕 지혜지남

설욕구녀 변생단정 유상지녀 숙식덕본 중인애경

무진의 관세음보살 유여시력

약유중생 공경예배 관세음보살 복불당연

시고 중생 개응수지 관세음보살명호

무진의 약유인 수지 육십이억항하사 보살명자

부진형 공양음식의복 와구의약 어여의운하 시선남자 선여인

공덕다부

무진의언 심다 세존

불언 약부유인 수지관세음보살명호 내지 일시 예배공양

시이인복 정등무이 어백천만억겁 불가궁진

무진의 수지관세음보살명호 득여시 무량무변 복덕지리

무진의보살 백불언 세존 관세음보살 운하유차 사바세계

운하이위 중생설법 방편지력 기사운하

불고 무진의보살 선남자 약유국토중생 응이불신

득도자 관세음보살 즉현불신 이위설법

응이벽지불신 득도자 즉현벽지불신 이위설법

응이성문신 득도자 즉현성문신 이위설법

응이범왕신 득도자 즉현범왕신 이위설법

응이제석신 득도자 즉현제석신 이위설법

응이자재천신 득도자 즉현자재천신 이위설법

응이대자재천신 득도자 즉현대자재천신 이위설법

응이천대장군신 득도자 즉현천대장군신 이위설법

응이비사문신 득도자 즉현비사문신 이위설법

응이소왕신 득도자 즉현소왕신 이위설법

응이장자신 득도자 즉현장자신 이위설법

응이거사신 득도자 즉현거사신 이위설법

응이재관신 득도자 즉현재관신 이위설법

응이바라문신 득도자 즉현바라문신 이위설법

응이비구비구니 우바새 우바이신 득도자

즉현비구비구니 우바새 우바이신 이위설법

응이장자 거사 재관 바라문부녀신 득도자 즉현부녀신 이위설법

응이동남동녀신 득도자 즉현동남동녀신 이위설법

응이천룡야차 건달바 아수라 가루라 긴나라 마후라가

인비인등신 득도자 즉개현지 이위설법

응이집금강신 득도자 즉현집금강신 이위설법

무진의 시관세음보살 성취여시공덕 이종종형 유제국토 도탈중생

시고 여등 응당일심 공양관세음보살

시관세음보살마하살 어포외급난지중 능시무외

시고 차사바세계 개호지위 시무외자

무진의보살 백불언 세존 아금당공양 관세음보살

즉해경 중보주영락 가치백천냥금 이이여지 작시언

인자 수차법시 진보영락 시 관세음보살 불긍수지

무진의 부백 관세음보살언

인자 민아등고 수차영락 이시 불고 관세음보살

당민차 무진의보살 급사중 천룡 야차 건달바 아수라 가루라

긴나라 마후라가 인비인등고 수시영락

즉시 관세음보살 민제사중 급어천룡 인비인등 수기영락 분작이분

일분 봉석가모니불 일분 봉다보불탑

무진의 관세음보살 유여시자재신력 유어사바세계

이시 무진의보살 이게문왈

세존묘상구 아금중문피

불자하인연 명위관세음

구족묘상존 게답무진의

여청관음행 선응제방소

홍서심여해 역겁부사의

시다천억불 발대청정원

아위여약설 문명급견신

심념불공과 능멸제유고

가사흥해의 추락대화갱

염피관음력 화갱변성지

혹표류거해 용어제귀난

염피관음력 파랑불능몰

혹재수미봉 위인소추타

염피관음력 여일허공주

혹피악인축 타락금강산

염피관음력 불능손일모

혹치원적요 각집도가해

염피관음력 함즉기자심

혹조왕난고 임형욕수종

염피관음력 도심단단괴

혹수금가쇄 수족피추계

염피관음력 석연득해탈

주저제독약 소욕해신자

염피관음력 환착어본인

혹우악나찰 독룡제귀등

염피관음력 시실불감해

약악수위요 이아조가포

염피관음력 질주무변방

완사급복갈 기독연화연

염피관음력 심성자회거

운뢰고철전 강박주대우

염피관음력 응시득소산

중생피곤액 무량고핍신

관음묘지력 능구세간고

구족신통력 광수지방편

시방제국토 무찰불현신

종종제악취 지옥귀축생

생로병사고 이점실영멸

진관청정관 광대지혜관

비관급자관 상원상첨앙

무구청정광 혜일파제암

능복재풍화 보명조세간

비체계뢰진 자의묘대운

주감로법우 멸제번뇌염

쟁송경관처 포외군진중

염피관음력 중원실퇴산

묘음관세음 범음해조음

승피세간음 시고수상념

염념물생의 관세음정성

어고뇌사액 능위작의호

구일체공덕 자안시중생

복취해무량 시고응정례

이시 지지보살 즉종좌기 전백불언 세존 약유중생

문시관세음보문품 자재지업 보문시현 신통력자 당지시인 공덕불소

불설시보문품시 중중 팔만사천중생 개발무등등

아뇩다라삼먁삼보리심

법화경 다라니품 다라니

1.

아니 마니 마네 마마네 지례 자리제 샤먀 샤리다위

선제 목제 목다리 사리 아위사리 상리 사리 사예

아사예 아기니 선제 샤리 다라니 아로가바사

파자비사니 네비제 아변다라 네리제 아단다 파례수지 구구례

모구례 아라례 파라례 수가차 아삼마삼리 붓다비기리질제

달마파리차제 승가열구사네 바사바사수지 만다라 만다라사야다

우루다 우루다교사랴 악사라 악사야다야 아바로 아마야나다야

2.

자례 마하자례 욱기 목기 아례 아라바제 열례제 열례다바제 이지니

위지니 지지니 열례지니 열리지바지

3.

아리 나리 노나리 아나로 나리 구나리

4.

아가네 가네 구리 건다리 전다리 마등기 상구리 부루사니 알디

5.

이제리 이제민 이제리 아제리 이제리 니리 니리 니리 니리 니리 루혜 루혜 루혜 루혜 다혜 다혜 다혜 도혜 노혜

법화경 보현보살권발품 다라니

아단지 단다바지 단다바제 단다구사례 단다수다례

수다례 수다라바지 붓다파선네 살바다라니아바다니

살바바사아바다니 수아바다니 상가바리사니

상가열가다니 아싱기 상가바가지 제례아다상가도랴

아라제파라제 살바상가삼마지가란지 살바달마수파리찰제

살바살타루타교사랴 아로가지 신아비기리지제

관세음보살보문품

그때 무진의대보살이 자리에서 일어나 한쪽의 어깨에 상의를 걸치고 한쪽 어깨는 드러내며 오른쪽 무릎을 땅에 대고 부처님을 향해서 합장과 공경을 하면서 이렇게 아뢰었다.

"세존이시여, 관세음보살은 무슨 인연으로 관세음보살이라고 하십니까?" 이와 같이 말하자 부처님께서 무진의대보살에게 이렇게 말씀하셨다.

"선남자여, 만일 한량없는 백천만억 중생이 갖가지 괴로움을 당할 적에 관세음보살의 이름을 듣고서 하나의 마음으로 그 이름을 부르면, 관세음보살이 곧 그 음성을 관찰하고 괴로움으로부터 다 벗어나게 하느니라."

관세음보살의 이름을 하나된 마음으로 받드는 이는 만약에 큰 불속에 들어가는 일이 있다 하더라도 그 불이 그를 태우지 못할 것이니라. 이것은 이 관세음보살의 위신력(威神力) 때문이니라.

혹시 큰물에 떠내려 간다 하더라도 이 관세음보살의 이름을 부르면 즉각 얕은 곳에 이르게 될 것이니라.

만약 백천만억의 중생들이 황금과 루비, 다이아몬드, 묘안석, 진주, 산호, 마노 등의 보석을 구하기 위하여 큰바다에 들어갔을 때, 혹시 거대한 폭풍이 불어와 그 배가 나찰(羅刹)들의 섬에 떠내려 갔을 때, 그들 중에 누구라도 관세음보살을 부르는 사람이 한 사람이라도 있다면 다른 모든 이들도 다 나찰의 섬으로부터 벗어날 것이다. 이런 이유로 관세음(觀世音)이라 하느니라.

또 어떤 사람이 해(害)를 입게 되었을 때 관세음보살을 부르면

그들이 가진 칼과 몽둥이가 조각이 나서 부숴져 흩어지게 되느니라.

삼천대천세계에 가득찬 야차(夜叉)와 나찰(羅刹)이 사람들을 괴롭힌다 할지라도 관세음보살을 부르는 것을 들으면 모든 악귀(惡鬼)들이 사악한 눈으로 쳐다보지도 못하거늘 하물며 어찌 해를 끼칠 수 있겠는가?

또 어떤 사람이 죄가 있거나 없거나 손발이 고랑에 채워지고 몸이 사슬에 묶이더라도 관세음보살의 이름을 부르면 이 모든 것이 다 부숴지고 끊어지며 바로 벗어나게 될 것이니라.

또 삼천대천세계가 흉악한 도적 떼로 가득 차 있는데 여러 상인을 거느린 우두머리 큰 장사꾼이 귀한 보물을 가지고 험한 길을 가는데 그 가운데 한 사람이 이렇게 외쳤다.

“그대들은 무서운 마음으로 인해 두려워하지 말고 간절한 마음으로 관세음보살의 이름을 부릅시다.

이 관세음보살님은 중생들에게 두려움이 없는 힘을 가지게 할 것입니다. 우리가 관세음보살님의 이름을 부르면 도적들의 위험에서 벗어날 것입니다.”라고 하였다.

여러 상인들이 함께 관세음보살을 부르면 그 이름으로 그곳을 벗어날 것이니라.

“무진의여, 관세음보살마하살의 성스러운 위신력의 높음은 이와 같다.

만일 음욕(淫慾)으로 말미암아 번민하는 중생이 있더라도
항상 관세음보살인 진리의 지혜를 생각하고 공경하는 마음을 갖는다면, 자연히 그 음욕은 마음으로부터 멀리 떠나가 번민하는 것이 없어질 것이니라.
또 어떤 것에 분노하는 진애(瞋恚)를 느껴 그 때문에 자기 자신을 괴롭히는 사람이 있더라도 항상 관세음보살을 생각하고 언제나 공경하는 마음을 가지면, 기필코 그 성내는 버릇에서부터 벗어날 수 있을 것이니라.
또 인간다운 지혜가 모자라는 우치(愚癡)의 어리석음이 가득 차 있는 사람이 있더라도 언제나 관세음보살의 지혜를 생각하고 공경하는 마음을 가지면, 반드시 그 어리석음에서 벗어날 수 있을 것이니라."
무진의여, 관세음보살은 이러한 큰 위엄과 신력이 있어
중생들을 이익케 하나니 그러므로 중생들은 항상 마음으로 관세음보살을 생각할 것이니라.
선남자여, 만일 어떤 여인이 아들 낳기를 원하여 관세음보살에게 예배하고 공경하면 복덕과 지혜를 갖춘 훌륭한 아들을 낳을 것이며,
만일 딸 낳기를 원한다면 그녀는 연꽃과 같이 단정하고 용모를 갖춘 어여쁜 딸을 낳을 것이며, 전생에 덕을 쌓았으므로 많은 사람이 사랑하고 존경할 것이니라.
무진의여, 관세음보살은 이와 같은 힘이 있느니라.
"어떤 선남자가 관세음보살에게 공경하고 예배하면 그 복덕은 헛되지

않을 것이니라.

그러니 선남자여 모두가 관세음보살의 성스러운 이름을 받아지니라."

"무진의여, 어떤 사람이 62억의 갠지스강 또는 항하의 모래알만큼 많은 관세음보살의 성호를 받아 지니고 그 목숨이 다할 때까지 음식과 옷과 침구와 좌구와 의약품으로 공양한다면, 이 선남자와 선여인의 공덕이 얼마나 크다고 생각하느냐?"

무진의보살이 말하였다.

"세존이시여, 참으로 많을 것입니다."

세존께서 말씀하셨다.

"선남자와 선여인이여, 만약 어떤 사람이 관세음보살의 이름을 받아지니고 단 한 때라도 예배하고 공양하였다면 이 두 사람의 복덕은 같으며 다름이 없어 백천만억겁에 이르도록 다함이 없으리라.

무진의여, 관세음보살의 이름을 받아지니면 이와 같이 한계 없는 무량한 복덕을 얻느니라."

무진의보살이 부처님께 사뢰었다.

"세존이시여 관세음보살이 어떻게 이 사바세계에 노니시며 중생을 위하여 어떻게 진리를 말하며 그 방편의 힘은 어떠하나이까?"

부처님께서 무진의보살에게 말씀하셨다.

"선남자여 만약 어떤 세계의 중생이 부처님의 몸으로 제도해야 될 이가 있으면 관세음보살이 곧 부처님의 몸을 나투어 진리를 말하고, 벽지불의 몸으로 제도해야 될 이가 있으면, 관세음보살이 곧 벽지불의

몸을 나투어 진리를 말하며

성문의 몸으로 제도해야 될 이가 있으면, 곧 성문의 몸을 나투어 진리를 말하느니라.

범천왕의 몸으로 제도해야 될 이가 있으면 곧 범천왕의 몸을 나투어 진리를 말하고

제석천왕의 몸으로 제도해야 될 이가 있으면 곧 제석천왕의 몸을 나투어 진리를 말하며,

자재천왕의 몸으로 제도해야 될 이가 있으면 곧 자재천왕의 몸을 나투어 진리를 말하고

대자재천왕의 몸으로 제도해야 될 이가 있으면 곧 대자재천왕의 몸을 나투어 진리를 말하며,

하늘대장군의 몸으로 제도해야 될 이가 있으면 곧 하늘대장군의 몸을 나투어 진리를 말하고

비사문의 몸으로 제도해야 될 이가 있으면 곧 비사문의 몸을 나투어 진리를 말하느니라.

소왕의 몸으로 제도해야 될 이가 있으면 곧 소왕의 몸을 나투어 진리를 말하고

장자의 몸으로 제도해야 될 이가 있으면 곧 장자의 몸을 나투어 진리를 말하며,

거사의 몸으로 제도해야 될 이가 있으면 곧 거사의 몸을 나투어 진리를 말하고

재상의 몸으로 제도해야 될 이가 있으면 곧 재상의 몸을 나투어 진리를 말하며,

바라문의 몸으로 제도해야 될 이가 있으면 곧 바라문의 몸을 나투어 진리를 말하느니라.

비구·비구니·우바새·우바이의 몸으로 제도해야 될 이가 있으면 곧 비구·비구니·우바새·우바이의 몸을 나투어 진리를 말하고

장자·거사·재상·바라문 부인의 몸으로 제도해야 될 이가 있으면 곧 장자·거사·재상·바라문 부인의 몸을 나투어 진리를 말하며,

동남 동녀의 몸으로 제도해야 될 이가 있으면 곧 동남 동녀의 몸을 나투어 진리를 말하느니라.

하늘·용·야차·건달바·아수라·가루라·긴나라·마후라가 등 사람과 사람 아닌 이들(人非人)의 몸으로 제도해야 될 이가 있으면 하늘·용·야차·건달바·아수라·가루라·긴나라·마후라가 등 사람과 사람 아닌 이들의 몸을 나투어 진리를 말하고

집금강신(執金剛神)의 몸으로 제도해야 될 이가 있으면 집금강신의 몸을 나투어 진리를 말하느니라.

무진의(無盡意)여, 관세음보살이 이와 같은 공덕을 성취하여 여러 가지의 형상으로 온 세계에 다니면서 중생을 제도하여 해탈하게 하느니라.

그러므로 그대들은 마땅히 한마음으로 관세음보살께 공양할지니라.

이것이 관세음보살마하살이 두려움과 환란 속에서도 두려움을 없애는 것이니라.

그러므로 이 사바세계에서 모두 다 부르기를 '두려움 없음을 베푸시는 이' 즉 시무외자(施無畏者)라고 하느니라.

무진의보살이 부처님께 사뢰었다.

"세존이시여, 제가 이제 관세음보살께 공양하겠나이다."

그리고 온갖 보배구슬과 영락으로 된 백천 냥의 금값에 해당하는 목걸이를 바치고 이렇게 말씀드렸다.

"어지신 이여, 여러 진주 보배와 영락의 법시를 받으소서."

이때에 관세음보살마하살이 이것을 받지 않으려 하였다.

무진의보살이 다시 관세음보살께 사뢰어 말씀드렸다.

"어지신 이여, 저희들을 불쌍히 여겨 이 영락을 받으소서."

그 때에 부처님께서 관세음보살에게 말씀하셨다.

"마땅히 이 무진의보살과 사부대중과 하늘, 용, 야차, 건달바, 아수라, 가루라, 긴나라, 마후라가 등과 사람과 사람 아닌 이들을 불쌍히 여겨 영락을 받으라."

그때 관세음보살이 사부대중과 하늘, 용, 사람, 사람 아닌 이들을 불쌍히 여겨서 그 영락을 받아 두 몫으로 나누어 한 몫은 석가모니부처님께 공양하고 한 몫은 다보불탑에 공양하였다.

무진의여, 관세음보살이 이와 같이 자재한 신통력으로 사바세계에 다니느니라.

그때 무진의보살이 게송으로 여쭈어 물었다.

묘상 구족하신 세존이시여
제가 이제 거듭 묻사옵니다.
불자께서 어떤 인연으로
관세음이라 이름하나이까?

묘한상을 구족하신 세존께서
무진의보살에게 게송으로 대답하시었다.
너는 관음행을 들으라.
관세음보살은 어느 곳에서든지 두루 응하고
그 원력은 바다와 같이 깊으니라.
많은 겁(劫) 오랫동안 지내오면서
천만억 부처님을 믿고 섬기며
거룩한 청정한 원(願)을 세웠느니라.

내가 이제 간략하게 말해주리니
이름을 듣거나 모습을 보고
마음에 간직해 잊지 않는다면
중생들의 모든 고통은 사라지리라.

어떤 이가 해치려는 생각을 품고
불구덩이에 떨어뜨려도

관세음보살을 생각하는 힘으로
불구덩이는 연못으로 변하리라.

어떻게 하다 풍파를 만나 바다에 빠져
용 고기 귀신 등의 난을 만나도
관세음을 생각하는 그 힘에 의해서
어떠한 바다 괴물의 괴롭힘에도 벗어나리라.

천만 길의 수미산 봉우리에서
악한 사람이 민다 하더라도
관세음을 생각하는 그러한 힘에 의해
허공의 태양처럼 머물게 되며
혹 나쁜 마음을 가진 이들에게 쫓기어
험준한 금강산에서 떨어져도
관세음을 생각하는 그 힘에 의해서
털끝 하나도 다치지 않을 것이니라.

난데없이 원수나 도적 떼들이
각자 흉기를 들고 협박할 때도
관세음을 생각하는 그 힘에 의해서
즉각적으로 그들이 자비심을 낼 것이며

만약에 국가의 법의 고통을 받고
목숨을 바치는 형을 받는다고 하더라도
관세음을 생각하는 그 힘에 의해서
모진 흉기들은 그대로 산산조각이 날 것이니라.

불행하게 큰칼을 쓰고 감옥에 들어가
손과 발에 고랑을 차고 갇혀 있다 해도
관세음을 생각하는 그 힘에 의해서
저절로 풀려져서 벗어나리라.

주술과 독약으로 무자비하게
자신의 욕심을 채우고자 죽이려 하여도
관세음을 생각하는 그 힘에 의해서
그 독이 자신에게 돌아가며
어쩌다가 악한 나찰(羅刹)을 만나거나
독룡(毒龍)과 아귀(餓鬼)들이 덤벼도
관세음을 생각하는 그 힘에 의해서
반대로 그들을 항복하게 하리라.

사나운 짐승들에 둘러싸여
날카로운 이빨이나 발톱이 두렵더라도

관세음을 생각하는 그 힘에 의해서
그들이 오히려 도망가게 되며
살모사와 독사 같은 동물이
불꽃처럼 독을 내뿜을지라도
관세음을 생각하는 그 힘과
염송을 듣고서 스스로 사라지리라.

뇌성벽력의 번개가 치고
우박과 큰비가 쏟아진다 해도
관세음을 생각하는 그 힘에 의해서
곧 구름이 걷히고 활짝 개이고
중생들이 곤액(困厄)을 당하고
한없는 고통을 당할지라도
관세음의 미묘한 지혜의 힘이
세상의 모든 고통을 구해 주리라.

신통력이 구족하여 관세음보살의
지혜와 모든 방편을 넓게 수련하여
시방세계와 모든 국토에서
빠짐없이 두루 다니며 몸을 나타내느니라.

여러 가지의 저런 육취(六趣) 중생들
지옥과 아귀(餓鬼)와 축생들까지
태어나고 늙고 병들고 죽는 고통을
점차로 모두 없애 주리라.

그 즉시 한계 없는 환희심으로 도솔천에서 게송을 말하였다.

순수한 관찰이며 자애로운 관찰
놀라운 지혜로운 관찰 연민의 관찰
사랑스러운 관찰 밝은 얼굴
한결같이 염원하여라.

티없이 맑은 성스러운 광명
햇빛 같은 지혜가 어둠을 몰아내고
불꽃의 바람에 대한 재앙도 평정하고
세상을 찬란하게 비추어 주느니라.

연민의 덕을 가지고 자애로우며 공덕과
자애로운 거대한 구름과 같은 이여,
그대는 중생들의 번뇌의 불을 끄고 감로와 같은
가르침의 법의 비를 내려주느니라.

송사나 다툼으로 관청에 갈 때나
생명을 걸고 나간 전쟁에서도
관세음을 생각하는 그 힘에 의해서
원망과 원수들의 문제는 모두 풀리리라.

구름의 소리, 북소리, 비구름과 천둥 소리
범천의 아름다운 소리들
이러한 세상의 소리를 뛰어넘는 소리들을
언제나 기억하고 생각하여라.

기억하고 기억하되 의심하지 않는다면
청정한 존자이신 관세음보살이
중생의 번뇌 고통으로 죽음에 온 액운이라도
의지처가 되며 또 보호해 주리라.

일체의 모든 공덕을 갖추었으며
자비하신 눈으로 중생을 살피시고
공덕이 바다와 같이 한계가 없나니
마땅히 예경하고 존중하여라.

세상을 연민히 여기시는 그분은

미래 세상에서 깨달은 부처님이 되셔서
모든 고통과 두려움과 슬픔을 제거해 주시나니
관세음보살님의 가득함에 귀의합니다.
세상의 주(主)이며 왕들의 지도자
세상을 위하여 기도하시네.
수없는 긴 세월의 수행으로
위없는 무상(無上)의 깨달음을 얻었네.
아미타불 오른쪽과 왼쪽에 서서
최상의 삼매에서
모든 세계의 영역의 부처님께
이르러 기도를 올린다.
서쪽에의 행복하게 하는 세상
청정한 곳이며
거기에는 아미타부처님이 머물며
언제나 중생들을 인도하여 주신다.
그곳에는 여인 같이 있지 않아서
성적인 음욕(淫慾)은 없네.
그들은 부처님의 아들로 화생하여
연꽃 가운데에 청정하게 앉아 있네.
바로 그분이 아미타부처님이시며
아름다우시며 깨끗한 연화장(蓮華藏)의

사자좌에 잘 앉아 계신 분이시며

사라수(沙羅樹) 나무처럼 장엄하게 계시네.

이곳 삼계(三界)의 삼유(三有)에는

그와 같은 잡음이 없는 세상의 주(主)이시며

그 쌓인 공덕(功德)을 찬양함으로써

그대는 바로 사람 가운데에서 으뜸의 사람이 되리라.

그때에 지지보살 마하살이 한쪽 어깨에 가사를 걸치고 자리에서 일어나 오른쪽 무릎을 구부리고 세존에게 최고의 예로 합장을 하고 세존께 이렇게 말하였다.

"세존이시여, 어떤 중생이 이 관세음보살의 법문을 자재하신 설법과 넓은 문을 나타내시는 관세음보살마하살보분품(觀世音菩薩摩訶薩普門品)이라는 이름의 신통한 힘을 듣는 이가 있다면, 이 사람의 지혜와 공덕이 적지 아니함을 알겠나이다."

부처님이 이 보문품을 말씀하실 때에 팔만사천(八萬四千) 중생들이 위없이 높고 평등한 아뇩다라삼먁삼보리의 마음을 내었다.

법화경 다라니품 다라니

1.

아니 마니 마네 마마네 지례 자리제 샤먀 샤리다위

선제 목제 목다리 사리 아위사리 상리 사리 사예

아사예 아기니 선제 샤리 다라니 아로가바사

파자비사니 네비제 아변다라 네리제 아단다 파례수지 구구례

모구례 아라례 파라례 수가차 아삼마삼리 붓다비기리질제

달마파리차제 승가열구사네 바사바사수지 만다라 만다라사야다

우루다 우루다교사라 악사라 악사야다야 아바로 아마야나다야

2.

자례 마하자례 욱기 목기 아례 아라바제 열례제 열례다바제 이지니

위지니 지지니 열례지니 열리지바지

3.

아리 나리 노나리 아나로 나리 구나리

4.

아가네 가네 구리 건다리 전다리 마등기 상구리 부루사니 알디

5.

이제리 이제민 이제리 아제리 이제리 니리 니리 니리 니리 니리 루혜 루혜 루혜 루혜 다혜 다혜 다혜 도혜 노혜

법화경 보현보살권발품 다라니

아단지 단다바지 단다바제 단다구사례 단다수다례

수다례 수다라바지 붓다파선네 살바다라니아바다니

살바바사아바다니 수아바다니 상가바리사니

상가열가다니 아싱기 상가바가지 제례아다상가도랴

아라제파라제 살바상가삼마지가란지 살바달마수파리찰제

살바살타루타교사랴 아로가지 신아비기리지제

박지명(산스크리트 번역, 원전주해)

영남대 국문과 졸업하고 1974년부터 인도명상을 시작했다. 오랫동안 인도에 머물면서 상카라좌리야(Shankaracharya)와 아드바이트 마트(Advait Mat)법맥인 스승 스와미 사르바다난드 마하라즈(Swami Sarvadanand Maharaj)에게 인도명상과 인도의 수행체계와 산스크리트 경전을 공부하였다. 현재 산스크리트 문화원(Sanskrit Cultural Institute)과 그 부설인 히말라야명상센터(Himalaya Meditation Center)를 세워 참나 명상(眞我冥想)인 아트마 드야나(Atma Dhyana), 자아회귀명상(自我回歸冥想)인 <스바 삼 비드야 드야나(Sva Sam Vidya Dhyana)>를 가르치고 산스크리트 경전들을 번역하며 보급하고 가르치고 있다.

저서로는 바가바드 기타(동문선), 요가 수트라(동문선), 우파니샤드(동문선), 베다(동문선), 반야심경(동문선), 불교범어진언집(하남출판사), 인도호흡명상(하남출판사), 범어 능엄주진언(하남출판사), 범어신묘장구다라니(하남출판사), 범어관세음보살42수진언(하남출판사), 범어금강경(하남출판사), 범어수구다라니(하남출판사), 하타요가프라디피카(동문선), 요가수트라<아마존(Amazon) 출판사>, 하타요가프라디피카<아마존(Amazon) 출판사>, 양한방 자연요법 내몸건강백과(웅진윙스), 인도호흡명상(하남출판사), 호흡명상(물병자리), 명상교전-비그야나바이라바탄트라(지혜의 나무) 등이 외 다수가 있으며 역서로는 모든 것은 내 안에 있다(지혜의 나무), 히말라야성자들(아힘신), 요가(하남출판사), 자연요법백과시리즈(하남출판사), 마음밖에는 아무것도 없다(물병자리) 등 외 다수가 있다.

히말라야명상센터/ 산스크리트문화원

Tel. 02-747-3351

홈페이지www.sanskrit.or.kr

명상비전 : 비그야나 바이라바 탄트라

박지명, 이서경 원전주해 | 신국판 양장 | 값 23,000원